U0131675

"冲出重围"珠海万人峰会现场

"冲出重围" 昆山万人峰会

变现

老板要学会的

36种

BUSINESS MANAGEMENT

变现模式

5年增长100倍的变现案例拆解

王冲 易凡 —— 主编

台海出版社

图书在版编目（CIP）数据

老板要学会的 36 种变现模式 / 王冲，易凡主编 . --

北京 : 台海出版社 , 2024.3

　ISBN 978-7-5168-3836-5

　Ⅰ . ①老… Ⅱ . ①王… ②易… Ⅲ . ①企业管理

Ⅳ . ① F272

　中国国家版本馆 CIP 数据核字 (2024) 第 075404 号

老板要学会的 36 种变现模式

主　　编：王 冲 易 凡

出 版 人：蔡　旭　　　　　　　策划编辑：吕玉萍
责任编辑：王　艳　　　　　　　封面设计：李腾月　吕定义

出版发行：台海出版社
地　　址：北京市东城区景山东街 20 号　邮政编码：100009
电　　话：010-64041652（发行，邮购）
传　　真：010-84045799（总编室）
网　　址：www.taimeng.org.cn/thcbs/default.htm
E-mail：thcbs@126.com

经　　销：全国各地新华书店
印　　刷：三河市燕春印务有限公司
本书如有破损、缺页、装订错误，请与本社联系调换

开　　本：710 毫米 ×1000 毫米　　1/16
字　　数：159 千字　　　　　　　印　　张：15.5
版　　次：2024 年 3 月第 1 版　　印　　次：2024 年 3 月第 1 次印刷
书　　号：ISBN 978-7-5168-3836-5

定　　价：99.00 元

版权所有　　翻印必究

序章

5年增长100倍的商业布局与变现路径

5年增长100倍，相信很多企业家一看到这个标题，肯定会说："不可能！"其实在我眼里，只要一开始懂得做好商业布局与变现路径的设计，一个水果店、一家超市，甚至任何一家公司，都能设计出10种以上的变现模式，并且在短时间内实现指数级的增长。

我们以一个案子为例。

有一个上海的学员，做少儿练字兴趣班培训的，经营3年，开了3家分店，加起来有500多个学员，每年盈利100多万元，它的优势是教学方面很过硬，能在短时间教孩子练好硬笔字，并且让家长看到效果。随着同行竞争不断加剧，他想快速占领上海少儿练字市场，他手上只有100万元的运作资金，更重要的是他给我提出了以下的要求：

1.快速提升公司业绩，最好能达到翻一番的增长。

2.快速占领上海少儿练字市场，但是，不想稀释公司的股份。

3. 希望留住核心骨干，担心优秀人才流失，变成竞争对手。

这个老板参加过不少课程，也咨询过很多专家，但是都没有帮他解决问题，有的甚至给他泼冷水，说他异想天开，以他现有的条件根本做不到。他是抱着试一试的心态参加完课程找到我，而后咨询我的。我告诉他，一个老板最大的力量是想象力，敢想就有可能把想象力变现，连想都不敢想的老板不可能做大。我用了半个小时时间，帮他重新做了一套少儿练字机构商业变现策划书。

通过跟他的交流，我发现他面临两个机会，把握好的话大有可为。

第一，全国少儿练字项目市场需求巨大，只要是4~12岁的孩子，有条件的父母几乎都会送孩子学习练字，因为写字这种能力和使用筷子一样，没有人天生会用筷子，都是后天培训练习才能掌握的，而且现在考试是电脑阅卷，卷面分直接影响孩子的学习成绩。所以，家长都很重视。

第二，目前少儿练字市场在上海和全国还没有形成垄断性品牌，这是他面临的机会。他需要解决的问题是不稀释股份快速占领市场。

我从定位变现开始，结合流量变现和会员变现首先帮助他解决了业绩增长的问题，增强了他和团队的信心，再整合资源帮他设计了合伙人变现、培训变现、供应链变现、直播变现等方式帮他快速占领全国市场，最终实现5年100倍速度的增长奇迹。

具体分为"定位变现""业绩变现""模式变现""招商变

现"四个板块：

1.定位变现：锁定中高端客户，开创"人无我有"的独特定位

他以往的客户定位是不清晰的，但是，他多次强调教学法是公司的核心竞争力，孩子来他这里学习一年，可以达到去同行学习2~3年的效果，并且有大量的客户见证。为此，我给他的客户定位做了调整，锁定中高端客户，价格立刻涨30%~50%。具体怎么做？在招新生的时候推出：承诺一年时间练好硬笔字，如果对效果不满意，第二年免费学，而且是现场签约。孩子各个科目的学习时间普遍安排得比较满，现在既能缩短学习时间，而且有效果保证，这个策略得到了市场良好的反馈，涨价不仅没有减少招新数量，反而带动了老学员的转介绍。

2.业绩变现：设计流量变现和会员变现双驱动体系，一场活动7天时间增长全年50%的业绩和新生生源

一家公司最大的成本是没有客户上门，没有客户上门的核心原因，是因为没有"爆品"。为此，我给他设计了"爆品"进行引流，3天时间帮他引流了500多名体验课新生，具体怎么做？分为两步。

第一步：推出199元"爆品"引流活动，破解流量难题

迎国庆：199元抢购1990元的五大福利大礼包，仅限500个优惠名额

福利1：价值998元的6次体验课，每次60分钟，仅限新学员报名

福利2：价值198元的测评课，每次30分钟，目的通过测评，邀请家长带孩子上门体验进行会员转化

福利3：赠送价值198元的百万网红陈朝辉老师《教育好孩子的奥秘》16节家庭教育线上课程

福利4：赠送价值398元儿童摄影套餐一份，整合附近鱼塘合作

福利5：前100名报名者，赠送价值198元品牌除螨仪一套

为了确保引流效果，我还增加了裂变机制，新老学员都可以参加裂变，只是福利略有不同。新老学员介绍一个新生报名赠送2节课程加礼品加返佣，介绍越多，福利越多。3天时间，通过新老生裂变，引流了500多名体验课新生，比他过去一年的流量加起来还要多。

第二步：会员变现

引流的核心是"爆品"，变现的核心是客户的到场率加成交方案，前面在引流的环节，我就提前设计了30分钟的测评课，目的就是提高家长和孩子的到场率，同时，我设计了5招非报不可的会员成交方案，其中包含前面讲到的签约学习、双人拼团优惠、体验课升级等优惠方案，通过以上会员变现策略，我们一周时间把500多名体验课学员转化了250多人，转化率达到了50%，一场会员变现活动使生源和全年业绩增长了50%。

3. 模式变现

著名管理学家德鲁克说过，当今企业的竞争不是产品的竞争，而是商业模式之间的竞争。可见，他要想在这场商战中获

胜，光靠产品是远远不够的，重中之重是做好商业模式布局和变现路径。

我给他设计的方案是，聚焦引爆上海少儿练字市场，并且打造成样板，然后复制到全国其他城市。5 年时间发展近 1 万家分店，在模式变现中，我是这么给他设计的。

4. 招商变现

我跟他讲，品牌的核心首先是分店要足够多，到处可见即品牌；我跟他反复确认过，他是不是一定要做上海头部练字品牌，他说是。我说，有一个快速占领市场的方法。他问我，老师怎么做？我回答他两个字"降价"。他问我降到什么程度。我说，降到招商几乎不赚钱。他说，不赚钱，我为什么还要招商。我说你只有舍得招商不赚钱，后面才能赚到 10 倍、100 倍的钱，具体怎么做呢？

他之前做过少儿练字市场调研，市场上其他练字品牌加盟费每家在 10 万元左右。我的建议是第一批加盟商把加盟费降低 70%，仅收取 3 万元 / 家，品牌使用费每年 1 万元 / 家，如果转介绍一家加盟店，直接奖励 1 万元或者免一年品牌使用费。简单做个项目介绍，上海少儿练字市场每个学生的收费一节课 150~200 元不等，一个学生加寒暑假班全年的学费在 1 万元左右，也就是说只需要投资 3 个学生的费用，加开店总投入不到 10 万元，就可以加盟一家极具竞争力的练字品牌，这样轻资产、高回报率的加盟模式在市场上是极受青睐的。前期通过降低加盟费，打造样板市场，后期不断迭代升级，在上海发展 220 个分店，全国开出上万家分店。

招商前期不赚钱，怎么赚到10倍、100倍的钱呢？这是我当时给他设计的变现方案，分享给大家：

（1）供应链变现

供应品牌专用字帖、练字笔等练字必备的文具，所有加盟校区的学员必须统一使用总部制作的文具。举例：每个学生每个月一本练字字帖，每本毛利润5元，每年60元，100万人使用，每年盈利预计6000万元。

（2）培训变现

每个分店店长每年必须参加两场以上培训，培训主题为《招生营销方案班》《店长的六大经营能力》《薪酬体系与合伙人模式》《销售技能实战训练营》《服务营销》等，1万名店长，每年两次，每人每次收费3000元，每年培训变现预计收入在6000万元。

（3）第三方招生服务变现

整合第三方专业招生营销机构，为加盟店提供招生拓客服务，按结果付费，每年有选择地服务2000家头部门店，每年收取服务费约5万元，招生服务变现收入预计在1亿元左右。

（4）直播流量变现

总部搭建12小时直播间，为全国1万家加盟店引流，加盟店按数量付费，每个上门体验课学生100元，1万家分店每年引流50万名体验课学生，流量变现预计收入5000万元。

（5）管理软件变现

整合国内著名第三方管理软件平台，合作开发品牌方专属管理软件，解决机构打卡、销课、财务结算等问题，每年使用软件费用3000元左右，1万家分店，每年软件变现预计收入3000万元。

（6）师资输送变现

分店在不断扩张，需要大量优质的师资，总部对接各大院校进行校企合作，给培训考核合格的练字老师颁发结业证书，输送到各个分店，每个合格的老师收取1万元每年，每年输送2000名师资，每年师资变现预计收入在2000万元。

（7）品牌使用费变现

每家分店总部每月收取1000元品牌使用费，每年1.2万元，1万家分店，每年品牌使用费变现预计收入在1.2亿元。

（8）练字＋少儿国学培训变现

文字的背后承载的是中华传统的文化，是圣贤的智慧。整合国内一流国学师资，开展少儿版《论语》《大学》《道德经》等国学培训，同时融入抄写经典内容，每年培训5000人，每人收费1万元，国学培训预计收入5000万元。

（9）合伙人变现

在咨询的时候提到，他很担心优秀骨干流失变成竞争对手的问题，同时他不想稀释公司的股权，我告诉他，其实不需要稀释股权，灵活采用合伙人模式也能留住优秀人才。当时，我建议，合伙人缴纳押金以享受分红权益，每家分店店长必须缴纳

5万~10万元的合伙人押金，年底分店达成目标，按照2~3倍发放分红。

（10）资本上市变现

整合国内学生文具上市企业，利用品牌影响力和分店资源推出文具品牌，打通上市之路，实现资本变现。

以上通过一个案例给大家介绍了十几种变现模式，这只是我给一家企业策划内容的一小部分，借用这个案例把商业布局和变现路径给大家做了一个简单版的展示，只要你学完整套商业布局和变现路径，每个人都可以为自己的项目设计出10种以上不同的变现方式。

过去的老板学管理，现在的老板学变现，他的公司导入这套全新的变现模式，从每年收入几百万到一年收入几个亿，5年时间增长的远远不止100倍。

注：本书中所有出现的第一人称"我"均指王冲。

目　录

第一章　流量为企业"增量"

招商变现 …………………………………………… 2

定位变现 …………………………………………… 9

流量变现 …………………………………………… 15

渠道变现 …………………………………………… 22

模式变现 …………………………………………… 28

广告变现 …………………………………………… 33

第二章　从受众需求到专业形象

会员变现 …………………………………………… 40

IP变现 ……………………………………………… 45

商机变现 …………………………………………… 51

品牌变现 ·············· 55

定制变现 ·············· 59

产品增值变现 ·············· 63

第三章　让每一份资源都转换成现金流

股权变现 ·············· 70

平台变现 ·············· 77

人力资源变现 ·············· 82

合伙人变现 ·············· 86

培训会议变现 ·············· 93

项目变现 ·············· 99

第四章　打开思路，寻找新的增长点

厂房变现 ·············· 106

供应链变现 ·············· 113

租赁变现 ·············· 119

合作变现 ·· 124

顾问变现 ·· 129

物流变现 ·· 135

第五章　让技术为变现赋能

技术变现 ·· 142

行业赋能变现 ································· 146

中介变现 ·· 150

整合资源变现 ································· 157

套餐变现 ·· 163

补贴变现 ·· 170

第六章　无处不在的变现，无处不在的现金流

信息变现 ·· 176

时间变现 ·· 182

空间变现 ·· 193

服务变现 ·················201

领导力变现 ·················209

想象力变现 ·················217

后记·················224

第
一
章

流量为企业"增量"

招商变现

在当今这个快速发展的时代，对于企业的老板们来说，想要获得利润，仅仅拥有好的产品或服务远远不够，他们必须掌握将资源转化为现金的能力，即学会变现。虽然"变现"这一概念在商业领域中至关重要，但很多人对它的理解却相对肤浅，并没有深入挖掘其真正的潜力和价值。

实际上，在这个被互联网和数字技术主导的时代，流量已经成为一种新的货币，它能够带来巨大的经济价值。在这样的背景下，任何具有潜在价值的东西，无论是实体产品、在线服务还是知识产权、创意内容，甚至是个人的时间和技能，都可以通过合适的方式实现变现。

变现的途径多种多样，包括但不限于直销、电子商务、广告收入、订阅模式、众筹、授权经营等。变现的关键在于，老板们需要深刻地认识到，只要他们手中握有的资源能够吸引足够的流量，满足市场的需求或者解决特定问题，这些资源就有可能转化为现金流。

例如，招商变现。

冲哥说：

招商变现是所有行业都可以进行的变现。

那么问题来了，什么是招商变现呢？招商如何才能变现呢？

招商变现是一种在现代商业环境中广泛应用的商业模式，它的核心在于通过各种策略和手段吸引商家或合作伙伴，使他们成为项目或平台的一员，进而为项目或平台带来经济收益。这种模式的成功与否，往往取决于招商过程中的策略制定和执行效果。

在招商变现的过程中，项目或平台的运营方通常会向潜在的商家或合作伙伴提供一系列有吸引力的合作条件。这些条件可能包括优惠的加盟费用、合理的利润分成比例，或者是其他一些能够激发商家兴趣的激励措施。通过这些条件，运营方能够有效地吸引商家的目光，促使他们考虑加入该项目或平台。

除了提供有吸引力的合作条件之外，市场推广和品牌宣传也是招商变现过程中不可或缺的环节。运营方会通过各种渠道，如社交媒体、线上线下广告、公关活动等方式，进一步提升项目或平台的知名度和影响力。这样的推广活动不仅能够吸引更多的商家关注，还能够增强商家对项目或平台的信心，更容易促成合作。

当商家或合作伙伴被成功吸引并加入项目或平台后，招商变现的过程便进入了收益获取阶段。这一阶段的收益来源多种多样，包括但不限于商家支付的加盟费、根据合作协议规定的分成收入，以及商家为了获得更好的展示位置或推广效果而支付的广告费用等。这些收益的累积，最终构成了项目或平台的经济收益，从而实现招商变现的目标。

冲哥说：

变现的第一要素是吸引。

例如，名创优品作为一家专注于实体零售的知名品牌，其主要依靠加盟连锁的方式进行市场拓展和资本变现。在这种模式下，名创优品扮演着商品供应商和培训提供者的角色，为加盟商提供包括商品供应、员工培训等一系列的支持服务。加盟商则承担着实体店面的日常运营工作以及相关的成本支出，确保店铺的正常运作。

名创优品的市场定位非常明确，它致力于服务年轻消费群体，这体现在它所销售的商品种类上。该品牌主要推出价格亲民、实用性高的日用商品，这些商品不仅满足了年轻消费者的基本需求，也迎合了他们对价格敏感的消费心理。

为了进一步吸引顾客，名创优品在零售环境上也做了创新。它通过开设具有现代化设计的购物中心，引入自助选购的购物方式，为消费者提供了一种新颖且便捷的购物体验。这种购物模式不仅减少了顾客的购物时间，也提高了购物效率，使得名创优品在众多竞争者中脱颖而出，吸引了大量的消费者。

除了零售环境和购物方式的创新，名创优品还注重供应链的管理和自有品牌的建设。品牌深入到供应链的每一个环节，力求以自有品牌为主，不断提高商品的质量和外观设计，从而满足消费者对高品质生活的追求。通过这种方式，名创优品不仅提升了自身的品牌形象，也成功吸引了更多追求品质生活的顾客。

招商变现的优势有哪些？

多元化收入来源	招商变现可以通过吸引不同的合作伙伴或客户，从多个渠道获得收入。这样可以降低对单一收入来源的依赖，增加收入的稳定性和可持续性。
扩大品牌影响力	通过招商合作，可以与其他企业或个人建立合作关系，共同推广品牌和产品。不仅可以扩大品牌的知名度和影响力，还能够提高市场份额。
资源共享	招商合作可以实现资源的共享，例如，共享渠道、客户群体、技术等。通过与合作伙伴合作，可以更高效地利用资源，提高运营效率和竞争力。
降低成本和风险	招商合作可以分担一部分成本和风险。例如，与合作伙伴共同承担市场推广费用、研发费用等，可以降低企业的财务压力和经营风险。
创造新的商业机会	通过招商合作，可以与不同行业的企业或个人进行合作，创造新的商业机会。例如，通过与技术公司合作，可以开发新的产品或服务，以满足市场需求。

冲哥说：

变现的目的是获得现金流。

学员实操案例

在美容业风起云涌的当下，美容会所因其独特的理念成为创业者追逐的热门项目。然而，如何在激烈的市场竞争中脱颖而出，实现盈利和可持续发展，是众多美容会所经营者必须面对的挑战。

学员陈总在广州经营的美容会所同样面临着这样的问题。他有 10 多家店，每家店铺的规模还不小，最少一家的投资都过百万，经营了 5 年时间，虽然刚刚收回投资成本，但盈利状况远未达到预期。

有一天，陈总在抖音上看到了我的短视频，决定报名参加我的线下课程。经过系统的学习，陈总重新调整了经营思路，发挥自己经验和产品的优势，将招商变现的理念融入其中。

首先，陈总放弃了过去开大店的重资产模式，转向轻资产小店加盟的发展路径。每家店的投资控制在 15 万元以内，帮助加盟商降低开店资金压力，提高了资金的使用效率。

其次，他设计了一套创新的合伙人和会员方案，通过招募合伙人和会员，达到了开店即回本，开店即盈利的效果。

陈总的招商方案不仅是一种融资方式，更是一种招商变现的策略。他通过提供让合作伙伴无法拒绝的权益和激励机制，开店前就先吸引身边的有识之士成为门店的合伙人。

这些合伙人不仅为美容会所带来了资金和资源支持，还通过自身的社交网络和影响力，为美容会所带来了源源不断的客源。

方案一：创始会员（50 人）

投资金额：1 万元

权益一：交 1 万元立刻赠送 5000 元，享有 15000 元的消费金额，会员卡可自用或赠送他人使用。这一设计主要帮助店铺通过会员卡锁定客户，通过后端服务让他们成为美容会所的忠实顾客和口碑传播者。

权益二：每个会员赠送 20 张好友体验卡，每张价值 298元，每次体验 90 分钟，通过转介绍，增加新客户的上门率。

权益三：体验后，每成功推荐一个会员提成 20%。

权益四：推荐 3 个正式会员，退回本金。

方案二：门店联创合伙人，仅招募 6 个名额

投资金额：5 万元

权益一：享有整个门店 5% 的分红。让联创合伙人成为美容会所的长期利益共享者，共同推动美容会所的发展壮大。

权益二：回本机制。推荐 5 名会员，享受 100% 分成；完成 5 个名额后，每推荐一名分成 30%。通过合伙人的推荐，实现资金的快速回流和盈利增长。

权益三：赠送 100 张 VIP 体验卡，每张价值 298 元，每次体验 90 分钟，并分享给更多的人，进一步扩大美容会所的市场覆盖面。

通过以上招商方案，学员陈总的美容会所不仅实现了从重资产到轻资产的转变，利润也实现了倍增。

这一模式，可以应用于各行各业。它的魅力，正是源于其灵活性和普适性，可以跨越行业的界限，为不同领域的企业带来全新的发展机遇。

再比如，学员王总的教育集团是一家在教育领域具有深厚底蕴的综合性机构，经过多年的积累，已经拥有超过10000名注册学生和超过200名全职教师。随着市场环境的不断变化，集团决定通过招商变现策略进一步拓展业务版图。

在接下来的一年内，集团设定了明确的招商目标：吸引至少200家教育机构加盟，预计能实现总金额达到1.2亿元人民币的收益。

1.市场分析与定位：经过深入分析，集团确定目标市场中具有加盟意向的教育机构数量约为500家，其中约40%具有较强的实力和合作潜力。

2.招商策略制定：集团为加盟商提供了包括品牌支持、教学资源、运营管理等多方面的加盟优势，并设定了不同的加盟模式和费用标准，以满足不同加盟商的需求。

3.宣传推广：通过线上线下相结合的方式，集团共投入100万元人民币用于宣传推广。其中，线上广告投放覆盖了主流社交媒体和教育平台，线下活动则包括教育展会、推介会等，吸引了超过5000个潜在加盟商的关注。

4.咨询与答疑：集团设立了由10名专业招商人员组成的团

队，负责解答潜在加盟商的疑问和提供咨询服务。在招商活动期间，共接待了超过 5000 次咨询。

5. 签约与成交：经过一系列精心策划和实施的招商活动，集团最终成功吸引了 210 家教育机构加盟，并实现了总金额达到 1.25 亿元人民币的收益。其中，最大的加盟商来自华北地区，签约金额为 200 万元人民币。

为确保加盟商的顺利运营，集团提供了包括师资培训、教学资源共享、市场营销支持等在内的全方位服务。同时，还设立了专门的客服团队，随时解答加盟商在运营过程中遇到的问题。

通过精心策划和实施的招商变现策略，王总的教育集团成功吸引了众多优质教育机构加盟，实现了显著的市场份额增长和收益提升。

定位变现

定位变现是一种商业策略，它涉及对产品或服务进行精确的市场定位，以便更好地满足特定目标受众的需求和期望。这一过程的核心在于深入理解目标市场，识别潜在客户的需求，并据此设计和推广产品或服务，从而有效地吸引这些客户，并通过销售这些针对性很强的产品或服务来实现商业价值的转化。

在商业运营的背景下，定位变现不仅仅是一种销售策略，它还涉及品牌建设、市场细分、产品差异化以及营销传播等多个方面。首先，企业需要明确自己的产品或服务在市场中的位置，这包括了解产品或服务在市场中的竞争优势和潜在的弱点。通过这种分析，企业可以确定自己的独特卖点（USP），并据此制定出具有吸引力的价值主张。

其次，定位变现还要求企业制定出一套有效的差异化竞争策略。这意味着企业需要找到一种方式，使自己的产品或服务在市场上脱颖而出，与竞争对手形成鲜明对比。这种差异化可以基于产品特性、服务质量、品牌形象、顾客体验或其他任何能够为目标受众带来价值的因素。

一旦产品或服务的定位和差异化策略确定下来，企业就需要通过精准的营销活动来吸引目标受众。这可能包括定制化的广告宣传、社交媒体营销、内容营销、合作伙伴关系建立等多种形式。关键在于确保营销信息与产品或服务的定位相一致，并且能够引起目标受众的共鸣。

对于消费者来说，价格是其选择一款产品的重要因素，因此定位也包括企业对价格的选择。在这方面，企业可以实行低价或高价策略，以满足不同消费者的偏好。

冲哥说：

定位的本质在于差异化。

定位的三大差异化包括价格差异化、功能差异化和客户差异化。

1. 价格差异化：是指根据产品或服务的不同特点和目标市场的需求，设定不同的价格策略。通过不同的价格定位，可以吸引不同层次的消费者。例如，高端奢侈品品牌定价较高，以追求高品质和独特性，而折扣品牌则以低价吸引更多的消费者。

2. 功能差异化：是指产品或服务在功能上的差异化设计。通过提供独特的功能或技术，可以满足不同消费者的需求。例如，手机市场中，不同品牌和型号的产品会有不同的功能、存储容量、屏幕尺寸等特点，以满足不同消费者对于拍照、娱乐和工作等方面的需求。

3. 客户差异化：是指根据不同的目标市场和消费者群体的特点，进行定位和营销策略的差异化。不同年龄、性别、地域、文化背景的消费者群体有不同的需求和偏好，因此需要针对不同群体进行定位和推广。例如，针对年轻人的产品可能更加注重时尚和个性化，而针对中老年人的产品可能更加注重健康和实用性。

在商业世界中，定位变现是企业取得成功的关键策略之一。不同的企业，尽管处于不同的行业和市场，但都能通过精准的定位策略实现变现。这种策略无论是在中低端市场还是高端市场，都能展现出强大的威力。拼多多和茅台就是两个很好的例子，它们分别在中低端市场和高端市场中实现了精准定位和变现。

冲哥说：

拼多多的定位变现：中低端市场的王者。

当我们谈论物美价廉的电商平台时，拼多多无疑是其中的佼佼者。它将自己定位为中低端市场的领导者，通过团购、社交电商等创新模式，为消费者提供了大量低价但品质上乘的产品。

这种策略不仅吸引了大量的价格敏感型消费者，还让用户在享受低价的同时能通过分享、邀请等方式获得更多优惠。

拼多多的成功，正是基于它精准的市场定位和对消费者需求的深刻洞察。

与拼多多不同，茅台则代表着高端白酒市场的极致。作为中国白酒的代表性品牌，茅台凭借其独特的酿造工艺、卓越的品质和深厚的文化内涵，成了无数人心中的珍品。

茅台的市场定位非常明确：它不仅仅是一种饮品，更是一种文化、一种精神的象征。

茅台通过限量销售、精心策划的营销活动以及不断的产品创新，成功地将自己的品牌形象深深地烙印在消费者的心中。这种高端市场的定位变现策略，让茅台成了中国白酒行业的传奇。

从拼多多到茅台，我们可以看到不同企业在不同市场中通过精准定位实现变现的成功案例。无论是主打低价、团购和社交电商模式的拼多多，还是凭借高品质、高档次和高价值产品策略赢得市场的茅台，它们都展现了定位变现策略的巨大威力。

冲哥说：

茅台的定位变现：高端市场的传奇。

这两个案例为我们提供了宝贵的商业启示，也让我们深刻认识到，在竞争激烈的市场环境中，只有精准把握市场需求和消费者心理，才能实现企业的长远发展。

对于普通人来说，利用定位实现变现的关键在于找到自身的优势和市场需求的契合点，并围绕这个点构建自己的商业模式。

学员实操案例

学员豪总本来是个普通的设计师，但他的野心不止于此。前不久，他跳了出来，跟朋友合开工作室，一开始他们的定位跟其他室内设计工作室一样，都是接毛坯房精装和全屋定制。

但这个市场竞争太激烈了，他非常想突破重围。他在抖音上看见我的短视频，报名了我的课程，其中定位变现策略吸引了他的注意力。他静心一想：工作室的定位出现问题了，不够细分永远打不过别人。

在学员交流群里，他提出了他的疑问，碰巧被我看到了，我就分享了两个老破小改造的视频给他，一下子打通了他的思路。以下是他的具体做法：

人群分析

目标客户：锁定生活在城中村的年轻人和中产家庭，他们受限于预算，选择老破小作为过渡性住房。

需求洞察：这些客户对居住环境有较高要求，希望通过改造提升生活质量。

定位策略

市场定位：将工作室定位为"城中村老破小改造专家"，专注于为预算有限的客户提供实用、美观且性价比高的改造方案。

服务特色：注重与客户的沟通，深入了解需求，确保改造方案满足期望。

变现策略

服务内容：提供从设计到施工的一站式改造服务，包括不同档次的装修材料和家具选择。

合作伙伴：与建材、家具品牌建立合作关系，为客户提供优质实惠的材料和装饰品选择。

营销策略：通过社交媒体、口碑传播和线下活动吸引潜在客户。

凭借明确的定位和有效的变现策略，豪总的工作室在城中村中逐渐崭露头角，业务量实现了稳步增长。改造后的房屋不仅提升了使用价值和美观度，还为居民带来了更加舒适和便捷的居住环境，赢得了客户的高度评价。

虽然豪总的例子在我的学员里体量很小，但是他的模式已经验证过是成功的，只要他不断升级工作室的服务范围，加强品牌建设，相信越做越大是迟早的事。

流量变现

在当今社会，每当我们提起"变现"这个概念时，很多人的脑海中会立刻浮现出"流量变现"这个词。这个词似乎已经成为"变现"的代名词，被广泛地传播和讨论。

然而，在我们急切地想要实现变现之前，有一个问题值得深思：什么是流量？它的本质又是什么？这个问题看似简单，但实际上却关乎我们如何更好地理解和运用流量。流量并不是一个抽象的概念，而是真实存在的、有血有肉的人。他们是我们的目标用户，是我们的消费者，是我们的观众。他们是流量的来源，也是流量的价值所在。

因此，当我们谈论流量变现时，实际上是在谈论如何将这些人转化为我们的经济收益。这就需要我们对流量或者对这些人有深入的了解和精准的把握。我们需要知道他们的需求、了解他们的行为、掌握他们的心理，才能有效地将他们转化为我们的经济收益。

冲哥说：

流量的本质是人。

既然流量的本质是人，那么流量变现也就意味着人的变现。

那么问题来了，人怎么变现呢？

请问，人是不是资源？客户来到你的店里消费，是不是一种资源？

但是在流量变现之前，尤其需要注意一点，那就是精准化变现。变现不是指随随便便的客户都可以变现，而是要精准化。

随着数据技术和人工智能的不断进步和普及，流量变现的模式也在经历着显著的变化。在这个信息爆炸的时代，传统的广告投放方式已经难以满足市场的需求，因为它们往往缺乏针对性和效率。为了提升广告的转化率和用户的参与度，未来的流量变现将越来越依赖于精准化的营销策略。

精准化营销的核心在于对用户数据的深入挖掘和分析。通过收集和处理大量的用户数据，包括他们的兴趣偏好、消费需求以及在线行为模式，平台能够构建起详细的用户画像。这些画像不仅能够帮助平台更好地理解用户，而且还能指导它们提供更为个性化的广告内容和服务。

例如，一个电商平台可以通过分析用户的购物历史和浏览习惯，向其推荐可能感兴趣的商品或品牌。同样的，一个视频流媒体可以根据用户的观看记录，为其定制个性化的内容推荐列表。这种基于用户行为的个性化推荐，不仅能够提升用户体验，还能显著提高广告的点击率和转化率，从而增强流量的变现能力。

此外，人工智能技术的加入，使得数据分析和处理的效率得到了极大的提升。机器学习算法可以自动识别数据中的模式和趋势，帮助平台实时调整广告策略，以适应市场的变化和用户的需求。这种动态的广告投放方式，不仅能够减少无效广告的投放，还能够确保广告内容与用户当前的情境高度相关，从而提高广告的吸引力和影响力。

冲哥说：

既然是资源，那么根据"凡是资源都可变现"原则，就可以变现。

举个例子，自从西湖景区实施了免费门票政策以来，虽然直接的门票收入有所下降，却带来了意想不到的经济效益。免费的开放政策极大地提升了游客对西湖景区的兴趣，吸引了更多的国内外游客前来参观游览，从而显著增加了游客在景区内的停留时间。这种增加不仅仅是数量上的，更在质量上有所提升，因为游

17

客们有了更多的时间和机会去深入体验西湖的文化和美景，从而激发了他们的消费意愿。

随着游客数量的增加和停留时间的延长，西湖景区内的商业设施、餐饮服务、购物点等迎来了发展的春天。这些服务业的兴旺发展，不仅为游客提供了更加丰富多样的消费选择，也为他们带来了更加便捷的服务体验。游客们在享受美丽的自然风光的同时，也能够享受到高品质的餐饮服务，购买到具有地方特色的纪念品，这些体验无疑增加了游客的满意度，也为商家带来了丰厚的收益。

此外，随着商业活动的繁荣，景区内的租金收入也水涨船高。商户们愿意支付更高的租金以换取景区内的一席之地，这为景区带来了稳定的经济收入。同时，景区自有的业态，如特色小吃、文创产品等，也因为游客数量的增加而实现营业额大幅提升，进一步增强了景区的经济实力。

再比如，百度作为中国领先的搜索引擎提供商，采用了一种独特的商业模式来吸引用户并实现盈利。首先，它通过提供免费且高效的搜索服务，吸引了大量的用户访问其平台。这种免费的服务策略不仅方便了广大网民，也使得百度搜索引擎成了许多人日常网络活动的首选工具。

在拥有了庞大的用户基础后，百度便开始通过广告业务来实现流量的变现。具体来说，当用户在百度搜索框中输入查询词进行搜索时，除了显示与查询相关的网页结果外，还会展示一些与搜索内容相关的广告。这些广告通常是由广告主付费放置的，他们希望通过这种方式将自己的产品或服务推广给潜在的消费者。

百度的广告收费模式主要是基于点击付费（Pay Per Click，PPC）的原则。这意味着广告主只有在用户实际点击了他们的广告链接时，才需要向百度支付费用。这种模式对于广告主来说是有利的，因为它确保了他们的广告投入能够转化为实际的用户关注和潜在销售。

对于百度而言，这种基于广告的收费模式成为其主要的盈利方式之一。通过吸引大量用户的访问和点击，百度能够从广告主那里获得可观的费用，这些费用构成了公司的主要收入来源。这种商业模式不仅为百度带来了稳定的收益流，也使得它能够在保持搜索服务免费的同时，有效地实现流量的变现。

未来流量变现的趋势和发展方向可能包括以下几个方面：

1. 精准化变现：随着数据技术和人工智能的发展，流量变现将更加注重精准化。通过深入了解用户的兴趣、需求和行为，平台可以提供更加个性化的广告和服务，提高变现效果。

2. 品牌合作和内容营销：品牌合作和内容营销将成为流量变现的重要方式。通过与品牌合作，平台可以提供定制化的广告和推广活动，增加变现收入。

3. 社交电商和直播带货：社交电商和直播带货是近年来兴起的流量变现方式。通过社交媒体平台和直播平台，用户可以直接购买产品或服务，实现流量的直接变现。

4.本地生活服务和O2O模式：随着线上线下经营链路的打通，本地生活服务和O2O模式将成为流量变现的重要领域。通过提供本地化的服务和优惠活动，吸引用户线下消费，实现流量的变现。

5.移动支付和虚拟货币：移动支付和虚拟货币的普及将促进流量变现的发展。用户可以通过移动支付进行购物和消费，平台可以通过虚拟货币的使用提高用户黏性和变现效果。

6.用户数据价值挖掘：用户数据的价值挖掘将成为流量变现的重要方向。通过对用户数据的分析和挖掘，平台可以提供更加精准的广告和推荐服务，实现流量的高效变现。

学员实操案例

王总在经营驾校的领域，已经积累了十几年的丰富经验。随着社会的发展，市场需求量不断扩大，驾校在当地的竞争也日益激烈，优质的训练场地越来越稀缺。面对这样的市场环境，王总开始思考如何能够更快速地吸引学员报名，以保持和提升驾校的竞争力。

为了找到解决方案，王总参加了我的专业培训课程，经过几个月的深入学习，他掌握了一系列实用的营销策略，并迅速将这些策略应用到自己的驾校中。

第一个策略是利用赠品来吸引潜在客户。具体来说，王总采取了以下两个措施：

将原本3500元的报名费调整为优惠价2300元，以此吸引对价格敏感的学员。

对于老学员，如果他们能成功推荐新学员报名，驾校将赠送价值2180元的电动车一辆，以此激励老学员积极参与推广。

第二个策略是通过降价来吸引学员。这一策略包括：

将报名费进一步降至999元，大大降低了学员的经济负担。

如果学员考试不通过，驾校承诺退还1000元，这样减轻了学员的后顾之忧。

第三个策略是并购中游的驾培机构。王总采取了以下措施：

成立了一家驾培连锁机构，以统一的品牌形象出现在市场上。

整合了现有的驾校资源，提高了运营效率。

通过并购27家驾校，迅速扩大了规模，成为当地最大的驾培机构。

第四个策略是与下游产业进行合作。具体措施包括：

与车辆4S店建立合作关系，为学员提供购车优惠。

与保险公司合作，为学员提供保险服务。

与汽车后市场行业合作，提供汽车维修、保养等服务。

通过精准的引流策略，王总成功吸引了大量学员报名，业务量激增了70%。同时，通过与4S店、保险公司的合作，王总不仅延伸了收入链，还形成了一个完善的产业闭环，为学员提供了从学车到购车、保险、维修一条龙的服务。这些举措极大地提升了驾校的市场竞争力，确保了业务的长期稳定发展。

渠道变现

在当今的商业环境中，无论是规模庞大的企业还是小巧精致的商铺，都在不断地强调"渠道"的重要性。这个词在过去几年中几乎成了商业领域的一个热词，频繁出现在各种商业会议、研讨会以及市场营销的讨论中。尽管"渠道"这一概念被广泛提及，但真正理解其深层含义的人却不多。对于什么是"渠道"？它背后的真正意义是什么？许多人仍然知之甚少。

"渠道"在商业领域通常指的是产品或服务从生产者传递到消费者的路径。这个路径可能包括批发商、经销商、零售商以及其他各种中间环节。然而，"渠道"的含义远不止于此。在现代商业实践中，"渠道"已经不仅仅指物理的分销网络，还包括数字营销渠道、社交媒体平台、电子商务网站等非传统的渠道形式。

冲哥说：

渠道变现是一条河流，要善加利用。

随着互联网技术的发展和社交媒体平台的兴起，一些新兴的渠道如直播、短视频平台等，已经成为商家们关注的焦点。在这些渠道中，直播渠道、抖音电商以及视频号电商等，不仅在当下占据了市场的一席之地，而且预计在未来几年内将继续成为主流趋势。

直播渠道，作为一种实时互动的电子商务形式，通过主播与观众之间的实时交流，为产品或服务的销售提供了一个新颖的平台。观众可以即时提问，而主播则能够即时回应，这种互动性极大地增强了用户的购买体验，同时也提高了转化率。

抖音电商则是依托于抖音这一强大的短视频社交平台，通过创意内容的制作和分享，吸引用户的注意力，并借此推广产品或服务。抖音的算法优化使得个性化推荐成为可能，商家可以通过精准的内容营销，触达潜在的目标客户群体。

视频号电商则是指通过微信视频号这一平台进行的产品或服务的推广和销售。视频号结合了微信庞大的用户基础和社交网络的优势，为商家提供了一个便捷的视频内容发布和交易平台。

对于希望在这些渠道上实现变现的商家来说，了解和掌握这些渠道的特点和盈利模式，将有助于他们在激烈的市场竞争中脱颖而出。

这些新型渠道的盈利模式，与传统渠道商的盈利模式有所不同。传统的渠道商通常依赖于产品的差价来获得利润，而新型渠道则更多地依赖于内容创作、粉丝经济、品牌合作等方式来实现盈利。例如，直播带货的模式中，主播通常会与品牌合作，通过直播间销售商品来获得佣金或赞助费。在抖音电商和视频号电商中，商家则可以通过广告分成、品牌代言、内容付费等多种方式来实现盈利。

理解"渠道"的真实含义，对于任何商业实体来说都是至关重要的，不仅关系到产品的销售和市场拓展，还直接影响企业的品牌形象和客户关系管理。一个有效的渠道策略可以帮助企业更好地与目标消费者沟通，提高产品的市场渗透率，从而增加销售额和市场份额。

然而，即使一些商家意识到了"渠道"的重要性，他们也面临着如何将这些渠道转化为实际收益的挑战，这个过程被称为"渠道变现"。渠道变现涉及如何通过优化渠道管理和提高渠道效率，将潜在的市场机会转化为真实的销售收入。这需要对市场趋势有深刻的洞察力，对消费者行为有准确的把握以及对渠道运营有精细的管理。

简单来讲，我们可以将"渠道变现"比作一条河流，它的起点是商家的产品或服务，终点则是消费者的钱包。这条河流的流向代表了产品或服务从商家流向消费者的过程，而河流中的水则象征着货币的流动。在这个过程中，商家需要通过一系列渠道来确保产品或服务能够顺利地到达消费者手中，并通过这些渠道完成交易，从而实现货币的流入，也就是所谓的"变现"。

渠道变现不仅仅是简单的销售过程，还包括对销售渠道的选择和管理。商家可以通过多种渠道来销售产品，比如实体店面、在线商城、社交媒体平台、电子商务网站等。每种渠道都有其特点和优势，商家需要根据自己的产品特性和目标市场来选择最合适的销售渠道。

此外，商家还需要管理这些渠道，确保它们能够高效运作。这包括渠道的布局、库存管理、物流配送、顾客服务等方面。通过对渠道的有效管理，商家可以最大化地提高产品的曝光率和销售量，进而提高渠道变现的效率。

冲哥说：

渠道变现是一个持续的过程。

更为重要的是，渠道变现是一个持续的过程，需要商家不断地分析市场动态、调整销售策略以及优化渠道管理。只有这样，商家才能在竞争激烈的市场环境中保持竞争力，实现可持续的收益增长。

渠道变现包括以下几个方面的实践：

1. 直接销售：企业通过自有的销售团队或线上平台直接向消

费者销售产品或服务，从中获取收入。

2. 经销商销售：企业与经销商建立合作关系，将产品或服务批发给经销商，由经销商负责销售给最终消费者，并从中获取收入。

3. 零售渠道销售：企业将产品或服务提供给零售商，由零售商负责销售给最终消费者，并从中获取收入。

4. 代理销售：企业委托代理商代理销售产品或服务，代理商负责销售和推广，并从中获取收入。

5. 广告和推广收入：企业通过在销售渠道中提供广告位或合作推广，从广告主或合作伙伴处获取收入。

6. 授权和特许经营：企业将品牌、技术或知识产权授权给合作伙伴，合作伙伴通过销售产品或服务获取收入，并向企业支付授权费用或特许经营费用。

学员实操案例

　　我的学员刘总是进口高端冰激凌品牌的省级代理商，早些年刘总凭借品牌影响力、优质的原材料和独特的口感，占据了5% 左右的市场份额。

　　然而，近两年的市场开拓遇到了瓶颈，为了寻求突破，刘总参加了线下的课程。

　　在课程中，刘总深入学习了渠道变现的理论和逻辑，逐渐明白了借助外部渠道对于产品销售的重要性。他意识到，用己者小，用人者大，自己的资金和人力是有限的，而市场的资源和渠道却是无限的。为了具体规划如何利用好这些资源，他开始对市场进行调研。

调研数据显示，如果刘总的冰激凌店想在未来一年内将市场份额提高到 10%，需要至少增加 1000 个网点，每个网点投入 2 万元的话，这将需要 2000 万元的初期投入。然而，这么大一笔费用，刘总难以独自承担。

这时，他决定应用课程中学到的金融和招商策略，尝试通过金融方式来解决资金问题。他先跟渠道商家签订合作协议，明确分润机制，同时，启动招商会，把渠道网点合作的收益以打包的方式卖给投资人。

举例，每个网点每月平均收益为 3300 元，每年收益 40000 元，按照 10 个、20 个、50 个不同数量渠道网点的收益打包推销给投资人。由于有品牌的加持和实实在在的渠道分润合同，以及过往盈利的数据，刘总的招商开展得非常顺利，第一场招商就签订了 500 多万元的合同，远远超出了预期的目标。

同时，刘总还在积极开发合作渠道，经过多次洽谈，他与一家本地知名的连锁超市达成了合作意向。根据协议，超市将为他提供专门的高端冰激凌销售区，并承诺每月的销量。

此外，刘总还利用自己的人脉资源，与多家高档餐厅和咖啡店进行了合作。这些合作伙伴将他的冰激凌作为特色甜品供应给顾客，并分享相应的销售利润。

在合作策略实施的第一年，刘总的冰激凌店的年销售额实现了 40% 的增长，市场份额也成功提高了 10%。其中，通过超市渠道销售的冰激凌占到了总销售额的 30%，而高档餐厅和咖啡店等合作伙伴也为品牌带来了不少新客户和忠实粉丝。

在合作的过程中，刘总还注重与合作伙伴建立良好的关系。他定期与合作伙伴沟通，了解销售情况、市场需求等信息，并根据这些信息调整产品策略和营销策略。此外，他还经常邀请合作伙伴参加品牌活动和市场推广活动，增强双方的合作紧密度和互信。

模式变现

商业世界中的模式多种多样，但其中大部分都是锦上添花，并不会带来多少实际的效益。即使有效益，也是非常单薄的。

因为这些模式关注的是形式而非内容，是表象而非本质，它们可能会吸引一时的目光，却难以持续地为企业带来增长。即使某些模式能够带来一些收益，这种收益也是微不足道的，不足以支撑企业的长期发展。它们可能在短期内让企业的财务报表看起来更加亮眼，但在竞争激烈的商业环境中，这样的优势很快就会被对手超越。

冲哥说：

无论是谁，在当今这个商业世界中，一定要学会模式变现。

商业模式是企业运营的核心，它决定了企业的盈利方式和发展方向。我总结出了以下几大模式：

互联网商业模式：这种模式的核心逻辑是免费。通过提供免费的产品或服务吸引用户，然后通过广告、会员服务、增值服务等方式实现盈利。这种模式的关键在于用户的获取和留存，以及如何将免费用户转化为付费用户。

直销模式：直销模式的核心逻辑是裂变。通过直接向消费者销售产品，避免了中间环节，降低了成本。同时，通过消费者的口碑传播，实现了销售的裂变增长。

连锁模式：连锁模式的核心逻辑是复制。通过在不同的地方开设连锁店，复制成功的经营模式，实现规模的快速扩张。

资本模式：资本模式的核心逻辑是放大。通过引入外部资本，扩大企业的经营规模，提升盈利能力。

金融模式：金融模式的核心逻辑是杠杆。通过借贷、投资等方式，利用别人的钱来赚钱，实现盈利的放大。

产业链模式：产业链模式的核心逻辑是垄断。通过控制产业链的关键环节，实现对市场的控制，从而提高盈利能力。

六大模式杂交组合：不同的商业模式可以相互结合，形成新的商业模式。例如，互联网加直销形成了微商模式，通过互联网平台进行直销，实现了销售的快速增长；互联网加金融形成了P2P模式，通过互联网平台进行金融交易，实现了资金的高效配置；互联网加连锁形成了新零售模式，通过互联网技术改造传统零售，实现了线上线下的深度融合。

冲哥说：

要想有效地实行模式变现，最重要的一点就是这种模式是可以复制的。

商业模式的设计，需要基于对行业的深刻洞察，以及对模式背后的策略和智慧的深入理解。这一点，在学员吴总经营的监控等电子设备公司的案例中得到了充分体现。

学员实操案例

还记得当年红黄蓝幼儿园虐童事件吗？这一事件不仅引起了公众的广泛关注，更让家长们对孩子的安全问题产生了深深的忧虑。

吴总敏锐地捕捉到了这次事件所带来的商业机遇，这将为监控设备销售带来巨大的市场潜力。

传统的监控设备销售模式为一次性销售给幼儿园，但由于幼儿园数量有限，这种模式难以为继。此外，幼儿园对于安装监控设备的意愿并不强烈，因为这意味着需要承担额外的费用。这导致了销售沟通成本高昂，且难以形成长期稳定的合作关系。

吴总从家长的角度出发考虑问题。以前的监控设备都是内部查看，现在技术革新，只需要下载 App，就可以直接在 App 上实时观看监控。家长是很关心孩子的教育和安全的，如果可以跟幼儿园达成合作，免费安装摄像头，家长想观看就付费，每月付费 10 元。这样下来，既缓解了幼儿园的成本压力，监控的费用也回来了。而且，监控安装之后可以长时间使用，一旦安装就可以持续为吴总的公司带来稳定的收益。

还有一种更厉害的模式，在这种模式下，不仅免除了家长的费用，还吸引他们关注承载监控设备的平台。这个平台不仅可以通过广告获取收益，还可以打造成电商平台，售卖与幼儿相关的产品。这样一来，吴总的公司不仅可以通过销售监控设备获得利润，还可以通过广告和电商销售实现多元化盈利。

这种商业模式的创新并不局限于监控设备行业，还可以应用到其他许多行业，比如洗衣行业。

学员许总学习了课程后，把这套免费模式又升级了一个档次。

他原来的做法是充值锁定会员，会员可以低价洗衣，客户不充值就要原价洗衣。

这种做法的优点是可以增加有长期洗衣要求的客户的黏性，同时可以稳定现金流。但缺点也很明显，对于一些只需要偶尔洗衣的客户来说，门槛太高了，他们可能不会为了一次或者几次的洗衣来支付额外的会员费用。

因此，许总把这个模式做了一下升级。

依然要充值成为会员，但直接免费洗衣。比如充值999元就可以免费洗衣一年。那许总怎么赚钱呢？他请程序员搭建了一个线上的进口产品平台，充值的999元以虚拟金的形式在这个平台进行返还。会员可以用这个虚拟金在这个平台上进行购物。

能免费洗衣的同时又能购物，换作是你，你愿意在这里充值吗？

许总是个聪明人，通过这个平台，他成功地把这些客户留住了。

一次偶然的机会，我跟他交谈，又帮他把这个模式再升级了一下。

许总做这个洗衣是可以拿到客户的穿衣数据的，包括身高、三围、穿衣风格等。怎么拿呢？很简单，就是在洗的时候可以记录下衣服的尺码、面料、穿衣风格。大数据时代，这份数据是十分有价值的。

然后再搭建一个时尚平台，专门卖服装，把这份数据匹配到系统里。当洗干净的衣服送到客户手里时，包装袋上会有一个平台的引流二维码。

引导客户扫一扫，说这个平台上面有客户喜欢的衣服类型，并且比市场价格低。当客户扫码进去后就会发现平台里推送的都是他喜欢的衣服款式，这是因为数据早就把客户的喜好精准计算好了。

你看，无论是幼儿园，还是洗衣行业，都可以应用模式变现把客户留住并实现盈利多样化。

广告变现

在这个信息高度发达的时代，广告已经成为企业宣传自己产品或服务的重要手段。对于任何一位老板来说，了解广告变现的概念和重要性不言而喻。

广告变现是指通过将广告融入产品或服务中，来吸引潜在客户的注意力，并最终将这些注意力转化为实际的销售或者收益的过程。这是一种营销策略，目的是通过广告来增加企业的知名度，大力推广品牌，从而带动产品的销售，实现利润的增长。

广告变现的形式多种多样，可以是线上的广告，比如互联网广告、社交媒体广告、搜索引擎广告等；也可以是线下的广告，比如户外广告牌、电视广告、广播广告等。这些广告包括企业的品牌形象等内容，以吸引消费者的兴趣。

冲哥说：

广告变现的重要性不言而喻。

对于企业来说，广告变现的优势在于：

首先，广告可以帮助企业提高品牌知名度。通过在各种媒体平台上投放广告，企业可以让更多的人了解到自己的品牌和产品，从而扩大市场份额。此外，广告还可以帮助企业树立良好的企业形象，传递企业文化和价值观，从而赢得消费者的信任和好感。

其次，广告变现可以促进产品的销售。通过广告，企业可以将产品的特点、优势和促销活动等信息传递给消费者，激发消费者的购买欲望。同时，广告还可以引导消费者产生购买行为，从而提高产品的销售额。

最后，广告变现还可以为企业带来其他商业机会。例如，企业可以通过与其他品牌合作，共同推出广告，从而实现资源共享、降低成本的目的。同时，广告还可以帮助企业与潜在合作伙伴建立联系，拓展业务领域。

简而言之，广告变现是一种被广泛采用的盈利方式，适用于各种行业。无论是哪个领域，都可以通过广告来获得收入，这是广告变现的核心概念。然而，对于许多小企业或小商家来说，频繁地在各大媒体发布广告可能会带来高昂的成本，对他们的财务状况也会造成一定的压力。因此，如何以最低的广告费用实现最大的经济利益成为他们首要考虑的问题，也是他们需要学习的重要内容。

小企业或小商家可以考虑以下几个方面：

1. 定位目标受众：明确自己的产品或服务的目标受众群体，以便更精准地投放广告。了解受众的需求、兴趣和消费习惯，帮助企业更好地制定广告策略，提高广告的有效性。

2. 选择合适的投放平台：根据目标受众的特点，选择适合的广告平台进行投放。选择与目标受众匹配度高的平台，可以提高广告的曝光率和转化率。

3. 优化广告内容：广告内容是吸引受众的关键因素之一。通过精心策划和设计广告内容，使其具有吸引力、创意性和独特性，可以增加受众对广告的兴趣和点击率。

4. 利用数据分析：利用数据分析工具来跟踪广告的表现和效果。通过监测广告的点击率、转化率、曝光量等指标，可以及时调整广告策略，优化广告投放的效果。

5. 探索合作机会：与相关行业的商家建立合作关系，共同推广产品或服务。通过合作，可以扩大广告的覆盖范围，降低成本。

冲哥说：

　　最好的广告是人们的口碑，最好的广告变现方式就是消费者身上的那张嘴。

学员实操案例

　　有个义乌的学员林总，专门做印刷包装。随着这几年电商的崛起，规模也越做越大，成了当地最大的包装厂。他最大的困惑是，随着原纸的价格上涨，包装的成本也会水涨船高，如果还是按照先前的价格销售的话，利润会进一步被压缩，这个行业本来就是薄利多销的。

　　林总在课后找到我，请我给他一些建议，我帮他分析完资源后，告诉他可以以更低的价格来接单，继续扩大市场的份额，但是，降价合作的客户必须同意林总在包装上印第三方的广告，不同意放广告的客户，依然以原价的方式提供空白包装。

　　自从他推出这个降价放广告的合作方案之后，不仅没有造成老客户的流失，反而因为价格的优势将一批老客户牢牢地锁定。几个月下来，林总的新客户增长了 20% 多，过去的盈利停留在赚产品或服务的差价上，现在多了广告收益，半年下来，林总公司的利润也增加了几百万。

通过学习我的课程，用自己的努力和智慧，令传统包装行业焕发出了新的生机和活力。

无独有偶，我的另一位学员林总也通过广告变现实现了盈利。他是怎么做的呢？

林总一直在小礼品行业摸爬滚打，但面临着激烈的市场竞争，生意逐渐陷入瓶颈。在我的课程中，林总学习了广告变现的核心理念和策略，也了解到定制礼品在广告市场中的巨大潜力。他决定将传统的小礼品生意转变为专业的礼品定制服务，专注于为那些有广告需求的老板们提供个性化、定制化的礼品解决方案。

为了进一步拓展业务，林总积极参加我举办的线下招商会。在招商会上，他与其他企业家交流互动，深入了解他们的需求，展示自己专业的礼品定制服务。通过招商会，林总不仅结识了许多潜在客户，还与其他行业内的商家建立了良好的合作关系。

凭借着在课程中学习到的广告知识和在招商会上积累的人脉资源，林总的礼品定制生意逐渐起步。他提供的笔记本、充电宝、水瓶等小礼品都印有客户的广告，既满足了客户的宣传需求，又增加了礼品的附加值。通过精准的市场定位和个性化的服务，林总的礼品定制业务逐渐在市场上崭露头角。

为了不断提升自己的专业水平和满足客户的需求，林总还继续参加我举办的其他培训课程和活动。他不断学习和探索新的广告技术和趋势，将最新的广告理念和技术应用到自己的礼品定制服务中，不断提升产品的质量和竞争力。

如今，林总的礼品定制生意已经取得了显著的成功。他的客户群不断扩大，涵盖了各个行业。林总的礼品不仅成了他们宣传品牌的有力工具，也成了他们展示企业文化和品牌形象的重要载体。

　　林总的成功故事不仅是他个人努力和创新的结果，也得益于我的课程和招商会为他提供的宝贵资源和机会。通过学习和交流，林总不仅拓宽了视野，也找到了新的商业机会和发展方向。他的故事鼓舞着更多的人不断学习和进取，勇敢地追求自己的梦想。

第
二
章

从受众需求到专业形象

会员变现

如今，各行各业都纷纷推出了会员制。会员制度可以帮助企业建立稳定的用户群体，提高用户忠诚度和黏性，同时也为企业提供了一种可持续盈利的方式。

尤其是在餐饮行业，甚至一些连锁餐饮品牌也推出了会员制度。会员可以享受到积分累积、生日特权、会员专属活动等福利，进一步增加用户的消费黏性。

冲哥说：

会员对于一家企业或商家来讲，也是无形的潜在资源。

会员变现，是一种较为普遍的商业模式，它的核心是通过建立和维护会员制度或会员服务体系，以实现企业的盈利目标。在这个过程中，企业或平台会设计并推出一系列的会员权益、服务或产品，这些可能包括但不限于优先购买权、免费赠品、折扣优惠、免费试用等，以此来吸引和鼓励用户成为会员。

一旦成为会员，用户就会享受到这些特定的权益和服务。而这些权益和服务，往往需要用户支付一定的会员费用，或者通过购买会员推荐的产品或服务来获得。这样一来，企业或平台就可以通过会员费、会员购买、会员服务等方式，获取稳定的收入。

这种会员变现的方式，不仅可以帮助企业或平台实现盈利，还可以增强用户对品牌或平台的忠诚度，提高用户的消费频率和消费金额，从而进一步提升企业的盈利能力。同时，通过会员制度，企业或平台还可以收集到大量的用户数据，这对于企业或平台的市场分析和产品开发具有重要的参考价值。

比如，开市客（Costco）超市的会员变现主要通过会员制度实现。会员制度为 Costco 提供了稳定的会员费收入，并且通过会员数据可以挖掘用户的喜好和对门店运营的反馈信息。此外，会员制度还可以扩展服务范围，提供更多针对会员的特殊服务。通过这些手段，Costco 实现了较为良性和健康的营运生态，并成为全球知名的零售商之一。

在会员制度中，Costco 还采取了一些激励措施来增加会员的参与度和忠诚度。例如，高级会员可以享受 2% 的消费返点，每年的返点额度最高可达到 500 美元。这样的激励措施可以吸引更多的消费者成为会员，并且增加他们在 Costco 的消费频率和金额。通过会员制度，Costco 能够稳定地获得会员费收入，并且通过会员数据分析和激励措施提高销售额和会员参与度，从而实现会员变现。

对于腾讯会员来说，用户通过付费订阅腾讯会员服务，可以享受到一系列的会员权益，包括观看独家内容、无广告观影、高清画质、先享折扣等。腾讯会员通过提供高质量的内容和服务，吸引用户付费订阅，从而实现会员变现。

爱奇艺会员也是以会员订阅作为主要的商业变现方式。爱奇艺会员提供了会员专属视频、付费影片折扣、超前点播等特权，吸引用户付费订阅。爱奇艺CEO龚宇曾表示，未来爱奇艺三分之二的收入将来自用户付费。爱奇艺通过提供优质的内容和服务，以及不断扩大会员权益，吸引用户付费订阅，实现会员变现。

会员变现的方式多种多样，常见的包括：

1. 会员费：用户支付一定的会员费用，成为会员并享受相应的会员权益和服务。这种方式常见于各类会员制度，例如，电商平台的会员俱乐部、健身房的会员卡等。

2. 会员购买：会员享受特定商品或服务的折扣或优惠，通过购买商品或服务来实现变现。例如，电商平台的会员专享价、影视平台的会员观影等。

3. 会员服务：提供高级、定制化的服务给会员，通过收取服务费用来实现变现。例如，在线教育平台提供的VIP课程、咨询服务等。

4. 广告和推广：通过向会员提供广告展示或推广服务，从广告主处获取广告费用。例如，社交媒体平台、内容创作平台等。

5.数据变现：通过分析和利用会员数据，提供个性化推荐、精准营销等服务，从合作伙伴或广告主处获取收入。

冲哥说：

会员的好处：锁定客户，提高消费频率，增加客户黏性。

但是，你知道吗？不仅自己店里的会员可以变现，你附近商家的会员也可以变现，这就是"借力"，通过借别人的力来实现自己的营业增长与利润翻倍。

而且，要实现这一点并不难，只要行动起来，你就会发现它总能带给你意想不到的惊喜。

那么问题来了，该如何操作呢？

学员实操案例

学员黄总通过深入学习我提供的课程内容，成功地为他经营的公寓酒店设计了一套创新的会员变现策略。那么，他究竟是如何做到这一点的呢？

黄总的公寓酒店位于科技园区附近，地理位置优越，周围环绕着众多的科技公司和初创企业。过去，这家酒店的生意一直非常稳定，客源络绎不绝。然而，随着周边地区的旅馆数量逐渐增多，竞争压力也在不断加大，导致酒店的空房率开始上升。

为了重新激活这些客房的活力，黄总精心设计了以下策略：

策略一：会员权益卡

步骤1：提供两种会员权益卡，银卡售价为299元，金卡售价为599元。

步骤2：会员可以享受免押金入住、弹性退房等权益。

步骤3：金卡会员还可以享受免费早餐、自助洗衣以及晚间热饮服务。

策略二：优惠促销

步骤1：银卡会员在住店时可以享受八折优惠，而金卡会员则可以享受七折优惠。

步骤2：区域内酒店的平均价格为350元，金卡会员折后价格仅为209元，银卡会员折后价格为245元。

通过这一策略，酒店的入住率显著提升，大多数时间均保持满房状态，250多间房每月的营业额轻松突破100万元。

策略三：多元化收入

步骤1：在大堂设置自动售货机，提供饮料和小吃。

步骤2：房间内放置周边餐厅和商店的优惠券二维码，客人扫码关注后即可领取，消费时享受相应折扣。

步骤3：每当有客人扫码并消费后，酒店都能获得一定的返利。

策略四：系统化管理

步骤1：与周边其他酒店合作，形成联盟。

步骤2：共同打造连锁酒店品牌。

实际上，本书中的很多案例以及很多行业都采用了会员变现模式，证明了这是一个非常有效的商业模式。然而，如何吸引和留住客户，如何设计有吸引力的会员权益和服务，以及如何有效地利用好会员数据等，都是我们需要进一步思考的问题。

IP变现

众所周知，互联网的迅猛发展已经极大地改变了人们的生活方式和消费习惯。在这样的背景下，IP变现已经成为一个热门话题，吸引了无数企业和个人的关注。IP的重要性日益凸显，尤其是在商业领域。这主要基于以下几个原因：

首先，IP的存在和保护是创新和技术进步的重要推动力。在现代社会，创新者和发明家的创新和发明是推动社会进步的关键因素。然而，如果没有有效的IP保护，这些创新和发明可能会被他人盗用或复制，从而降低了创新者的回报和竞争优势。因此，通过获得IP，创新者和发明家可以保护他们的创新和发明，从而获得应有的回报，同时也鼓励了更多的创新和技术进步。

其次，IP可以成为企业的重要资产，为企业带来巨大的商业价值。在竞争激烈的市场环境中，拥有独特的技术、品牌或设计等 IP 可以帮助企业在市场上建立差异化，吸引客户，增加市场份额和利润。这不仅可以提高企业的竞争力，也可以提高企业的市场价值。

再次，IP 的保护可以吸引更多的投资者和合作伙伴。在投资决策中，投资者通常会考虑企业是否拥有有效的 IP，因为这是降低投资风险和增加投资回报的重要保障。因此，拥有强大的 IP 保护制度可以吸引更多的投资者和合作伙伴，为企业的发展提供更多的资源和支持。

最后，在全球化的经济环境中，拥有强大的 IP 保护制度可以提高一个国家或地区的竞争力。这是因为，强大的 IP 保护制度可以保护本国的创新和发明，吸引国际企业和创新者来投资和合作，从而推动经济的发展和进步。

那么问题来了，IP 可以变现吗？

答案当然是可以的，只要是有价值的东西，都能变现，而 IP 无疑是属于高价值的范畴。

IP 变现是指将知识产权（如商标、专利、著作权等）转化为经济收益的过程。随着年轻一代的崛起与进入社会，他们凭借着独特的价值观、消费观念和创新能力，逐渐成为现代商业的一股不可小觑的力量。

对于年轻一代的人们来说，他们在消费的时候更注重体验与品牌的联系，而不是单纯地追求性价比。年轻一代的消费者对于新鲜事物和创新产品有着极高的敏感度和接受度。他们更愿意尝试新品牌、新产品，而不仅仅是固守传统的消费观念。因此，企业在进行IP变现时，需要紧跟时代潮流，不断创新，以满足年轻消费者的需求和期望。

此外，年轻一代的消费者在购物时，更加注重与品牌之间的互动和联系。他们希望通过购买产品与品牌建立起一种情感上的联系，从而获得更加丰富的消费体验。

冲哥说：

鉴于此，IP变现就显得尤为重要，而且越是引人注目的IP，其背后蕴藏的经济价值就越大。

在商业世界中，海尔兄弟几乎是家喻户晓的一个IP。目前，海尔兄弟已经成为品牌传播的一个象征。这一创意十足的形象设计，不仅在视觉上吸引了消费者的注意，而且在情感上与消费者产生了共鸣。通过这种独特的形象塑造，海尔兄弟不仅仅是一个商业标志，还承载着品牌的理念和文化，成为品牌故事的生动讲述者。

随着时间的推移，海尔兄弟通过一系列精心策划的内容推广活动，成功地将海尔品牌推向了全球市场。无论是在传统的广告中还是在数字媒体和社交平台上，海尔兄弟的形象都频繁出现，并以其独有的魅力和亲和力，吸引着来自世界各地的消费者。

这些创造性的形象和内容推广策略，不仅加深了消费者对海尔品牌的认知，而且在全球范围内树立了海尔的品牌形象。海尔兄弟的形象已经深入人心，成为许多人童年记忆的一部分。对于一些成年人来说，它们也是其成长道路上的一个重要标记。

海尔兄弟不仅是海尔品牌的代表，也是中国品牌走向世界的先锋，为海尔在全球市场上赢得了声誉和尊重。随着海尔兄弟的影响力不断扩大，海尔品牌也将继续在国际市场上的征程，不断创造新的记忆基点，成为更多消费者心中不可或缺的一部分。

因此，塑造一个典型的 IP，然后将其变现，是现代商人都要学会的一项重要技能。

IP 变现的几种常见方式：

1. 授权许可：这是最常见的 IP 变现方式之一。拥有 IP 的个人或公司可以授权其他个人或公司使用其知识产权，通常是以授权费的形式获得收入。

2. 直接销售：如果 IP 是一种产品或服务，比如一款软件或者一种独特的商业模式，可以通过直接销售来变现。

3. 广告和赞助：如果 IP 具有较大的受众基础，比如一个流行的网站或者一个有影响力的社交媒体账号，可以通过广告或者赞助来变现。

4. 衍生品销售：这是指基于 IP 创造的各种商品，比如 T恤、帽子、海报等，这些商品的销售可以为 IP 持有者带来额外的收入。

5. 跨媒体开发：将 IP 运用到不同的媒体平台上，比如电影、电视、游戏、图书等，每个平台都可能为 IP 持有者带来收益。

冲哥说：

大机会往往跟这五点有关：商机、赛道、政策、市场、需求。

学员实操案例

小王，一个平日里热爱文字创作的青年。在他的学生时代，书籍是他的良师益友，他常常沉浸在书海中，写出一篇篇精彩的作品。但性格内向的他，总是将这些心血之作默默地收藏在电脑的硬盘里，从未鼓起勇气将它们展示给世界。

随着毕业季的到来，小王的同学纷纷找到了自己的位置，有的勇敢地选择了创业，有的加入了各大企业，开始了他们的职业生涯。而小王，却只能选择一份平凡无奇的工作。

生活在繁忙的一线城市，小王感受到了前所未有的生活压力。每个月的房租、交通费用，都让他感到窒息。他那微薄的工资，似乎永远也赶不上日益增长的开销。幸好，小王的父母还能时不时地为他提供一些经济支持，但这毕竟不是长久之计。

小王深知自己需要更多的收入，但也明白，赚钱并不是一件轻松的事。

机缘巧合之下，小王的上司在一次日常交流中得知了小王的写作才华。出于对下属的关心和好奇，他阅读了小王的部分作品，结果被深深震撼。他发现，小王的文字功底远超许多网络上的所谓"作家"。

于是，这位经验丰富的领导，便开始鼓励小王，告诉他应该将自己的才华展现给更多的人看。他分享了自己多年的经验，教给小王如何在网络世界中站稳脚跟。

不久后，小王的作品开始在网络上发布，迅速吸引了大量的读者。他的文字如同一股清流，在浮躁的网络世界中显得格外耀眼。正当小王为自己的成功感到欣喜若狂时，领导再次出现，提醒他要保护自己的IP，避免作品被不法分子盗用。

随着时间的推移，小王的名字越来越响亮，他的人气不断攀升。许多知名的影视公司也开始注意到了这位新兴的作家，他们纷纷找到小王，希望能够将他的作品改编成影视剧。

就这样，小王不仅赚到了人生中的第一桶金，更重要的是，他找到了自己的价值和位置。

以下是一些常见的 IP 变现的具体例子。

出版作品：如果你是作家、作者或者创作者，可以通过出版自己的作品来赚钱。你可以将你的作品出版成书籍、电子书或者音频书，然后通过销售这些作品来获取收入。

IP 许可：如果你拥有一项专利、商标或者版权，你可以将这些 IP 许可给其他人使用，并从中获得许可费用。这意味着其他人可以使用你的 IP 来开展商业活动，而你作为 IP 的拥有者可以从中获得经济利益。

知识产品和内容创业：在互联网时代，个人可以通过创建知识产品和内容创业来赚钱。你可以创建自己的网站、博客、视频频道或者社交媒体账号，分享你的知识和经验，并通过广告、赞助、付费会员等方式来变现你的作品和内容。

提供咨询和培训服务：如果你在某个领域拥有专业知识和经验，可以提供咨询和培训服务，帮助他人解决问题、提升能力。你可以开设在线课程、举办讲座和研讨会，或者提供一对一的咨询服务，从中获取收益。

参与演讲和讲师活动：如果你在某个领域有独特的见解和经验，可以作为演讲嘉宾或者讲师参与相关活动，并从中获得演讲费用或者讲师费用。

商机变现

我经常听到学员说，现在社会竞争激烈，到处都是红海市场，商机已经不多了。

然而，在我看来，并非如此。

冲哥说：

市场上永远有机会，因为市场永远也不会饱和。

在商业领域中，当我们用更专业的话语来描述时，商机可以被理解为一种具有盈利潜力的商业前景或者潜在的商业可能性。这些商机可能源于市场需求的变化，比如消费者需求的转变或者消费习惯的改变；也可能来自技术创新，比如新的科技发明或者技术突破；还可能来自竞争对手的弱点，比如竞争对手在某个方面的不足或者疏忽；或者是来自新兴行业的发展，比如新兴行业的快速发展和壮大。

这些商业机会通常需要通过一系列的手段来发现和把握，比如市场调研，通过深入的市场调研，企业可以了解市场需求的变化、消费者的需求以及竞争对手的情况；竞争分析，通过对竞争对手的分析，企业可以了解竞争对手的优势和弱点，从而找到自己的机会；创新思维，通过创新思维，企业可以找到新的发展机会，开发新的产品和服务。

商机可能是一个新的市场，可能是一个新的产品，也可能是一种新的服务。这些商机就像是隐藏的宝藏，需要我们去发现、去挖掘、去把握。

有些朋友可能会有所疑问，他们认为只有那些能够直接给自己带来好处的事情才称得上是商机。然而，这样的思考方式其实是过于狭隘了。

冲哥说：

简单来说，商机就是那些能让你赚钱的可能性。

如何评估一个商机的变现潜力：

1. 市场需求：评估目标市场的需求是否存在，是否有足够的潜在客户对该商机感兴趣。可以通过市场调研、消费者洞察和竞争分析等方式来了解市场需求的规模和趋势。

2. 竞争环境：评估目标市场的竞争情况，包括竞争对手的数量、实力和市场份额。如果市场竞争激烈，可能需要更多的资源和策略来实现商机变现。

3. 可行性分析：评估商机的可行性和可实施性，包括技术、资源、人力和财务等方面。需要考虑是否有足够的资源和能力来开发和推广该商机。

4. 盈利潜力：评估商机的盈利潜力，包括预测收入、成本和利润等方面。需要考虑市场规模、价格竞争力、成本结构和盈利模式等因素。

5. 风险评估：评估商机的风险和不确定性，包括市场风险、技术风险、竞争风险和法律风险等方面。需要考虑可能的挑战和障碍，并制定相应的风险管理策略。

6.战略配套：评估商机与企业战略的契合度，包括与现有产品或服务的关联性、市场定位和品牌价值等方面。需要考虑商机是否与企业的核心竞争力和长期发展目标相符。

学员实操案例

如果要说商机变现的案例，学员邓总运用得不错，分享给大家。

邓总原本在深圳工作，但是一直心系家乡。听了我的课后，决定回家乡务农并且进行直播带货。她相信，凭借自己的努力，或许能吸引更多人的关注，从而帮助家乡农民。

说干就干，邓总立刻回到了家乡，开始筹备直播销售农产品。她特意选取了家乡最优质的农产品，并亲自上山、下田，拍摄农产品的生长环境和制作过程。

与其他人在农村摆拍不同，邓总是实打实地在务农。直播开始了，邓总身穿朴素的衣服，站在镜头前。她边干活边详细介绍每种农产品的特点、种植过程以及家乡的风土人情。

她甜美的声音、生动的描述吸引了大量的观众。粉丝纷纷留言称赞她的美貌和真诚，同时也下单购买她推荐的农产品。

随着直播的热度不断上升，邓总的农产品销售也迎来了爆发式增长，村民们的收入也得到了显著提高。邓总感到非常开心和满足，她意识到自己的努力可以成为助力家乡发展的资本。

　　为了进一步提升农产品的销量，邓总还积极与电商平台合作，将家乡的农产品推向更广阔的市场。同时，她还发起了公益活动，邀请城里人到家乡体验农村生活，进一步宣传家乡的农产品和文化。

　　通过直播销售农产品，邓总不仅促进了家乡农业的发展，还提高了农民的收入。

　　只要我们有信心、有勇气去尝试和创新，就一定能够找到属于自己的机会，并将其变现。同时，我们也应该关注家乡的发展，用自己的力量为家乡的繁荣做出贡献。

品牌变现

　　随着全球经济的不断发展和市场的深度渗透，消费者对于品牌和产品的内在价值的关注日益增加。这一转变就意味着，消费者在做出购买决策时，不再仅仅考虑价格这一单一的外在因素，而是更加关注产品的质量、品牌的声誉以及其背后的文化和服务。

在过去的几年中，我们可以观察到，越来越多的制造商和零售商开始认识到品牌建设的重要性。他们不再将品牌视为一个简单的标志或名称，而是一个包含公司价值观、使命和愿景的复杂实体。一个好的品牌不仅仅是一个商标，也是一个故事、一个承诺、一个与消费者建立情感连接的桥梁。

品牌的重要性不仅体现在它能够为消费者提供的价值，更在于它背后所蕴含的巨大经济价值。一个强大的品牌可以为企业带来持续的利润，因为它能够吸引并保持忠诚的顾客群体，这些顾客愿意为品牌所代表的质量和信任支付溢价。此外，一个有影响力的品牌还能够在竞争激烈的市场中脱颖而出，为企业赢得更大的市场份额。

因此，我们可以看到，无论是大型跨国公司还是小型本地企业，都在努力塑造和维护自己的品牌形象。他们通过广告、社交媒体、公共关系活动以及优质的客户服务来传达自己的品牌信息，以此来建立和巩固品牌在消费者心中的地位。

冲哥说：

卖产品不如卖品牌。

品牌变现是指企业通过运用品牌的影响力和价值，将品牌的无形资产转化为实实在在的经济利益的过程。当一个品牌在市场上树立了良好的形象，拥有了广泛的知名度时，就能够依托品牌价值来创造经济收益。

品牌变现的方式多种多样，首先，最直接的方式就是通过销售产品或提供服务来实现。消费者对品牌的信任和忠诚度会促使他们购买品牌的产品或服务，从而为企业带来收入。其次，授权和特许经营也是品牌变现的常见途径。企业可以通过将品牌名称、标志或其他相关知识产权授权给其他公司使用，以换取授权费或者分成收益。此外，广告和赞助也是品牌变现的重要手段，品牌可以通过与其他企业或活动的合作，利用其品牌影响力吸引消费者的注意力，从而获得广告收入或赞助费用。

品牌合作和联名是另一种变现方式，通过与其他品牌的合作，共同推出联名产品或服务，这样不仅可以吸引更多消费者的关注，增加销售额，也能够提升品牌的市场影响力。社交媒体变现则是近年来兴起的一种新型品牌变现方式，品牌可以通过在社交媒体平台上的内容创作、互动营销等方式，吸引粉丝和关注者，进而通过广告、推广等方式获取收益。

冲哥说：

如果品牌被大众所接受与喜爱，那么它变现的价值就越高。

通过这些多元化的变现途径，品牌能够将其在市场上的知名度、信任度和忠诚度转化为实际的经济价值，不仅实现了盈利，也增加了企业的整体价值。品牌变现是企业发展和品牌管理过程中至关重要的一环，它不仅能够帮助企业提高在市场中的竞争力，还能够有效增加企业的收入和利润，进一步巩固品牌在市场中的地位，为品牌的长远发展奠定坚实的基础。

海澜之家，作为国内知名的男装品牌，凭借其卓越的品质、时尚的设计和深入人心的品牌形象，成功实现了品牌变现，将无形的品牌价值转化为实实在在的经济利益。

在品牌变现方面，海澜之家采取了多种策略。

1.通过销售优质的产品和服务，海澜之家赢得了消费者的信任和忠诚度。

他们注重产品的品质和细节，确保每一件产品都能满足消费者的需求。同时，他们提供优质的服务，让消费者在购买过程中感受到品牌的关怀和支持。

2.海澜之家通过授权和特许经营的方式，扩大了品牌的市场覆盖。

他们与各地的商家建立了紧密的合作关系，共同推广海澜之家的品牌形象和产品。这种方式不仅让海澜之家的品牌知名度得到了提升，还为企业带来了稳定的收入流。

3.海澜之家还通过广告和赞助等方式提升了品牌的曝光度和影响力。

他们在各大媒体平台上投放广告，展示品牌形象和产品特点。同时，他们还积极参与各类社会活动和公益事业，提升了品牌的社会责任感和公信力。

4.海澜之家还通过与其他品牌的合作和联名，实现了品牌价值的最大化。

他们与各大时尚品牌、影视明星等合作推出联名产品或活动，吸引了更多消费者的关注和购买。这种方式不仅增加了销售额和市场份额，还提升了品牌的时尚度和影响力。

海澜之家的四项举措带来了稳定的收入流和市场份额，还巩固了品牌在市场中的地位，为企业的长远发展奠定了坚实的基础。

定制变现

定制变现，指的是根据特定客户的需求，提供个性化的产品和服务，从而实现价值转换和利润获取的过程。在这个过程中，企业或个体通过深入了解目标客户的具体需求，设计并制作出符合客户期望的商品或服务，以此来满足其个性化需求。

这种方式与传统的大规模生产模式不同，后者往往生产标准化的产品，然后在市场上寻求买家。而定制变现则是一种更为灵活的商业策略，它强调的是先有需求再有供应，即先确定客户想要什么，再针对性地提供解决方案。这种策略可以更好地满足客户的个性化需求，同时也能为企业带来更高的利润。

冲哥说：

在现代商业中，谁抓住了消费者的定制需求，谁就占据了先机。

在实施定制变现策略时，企业需要投入更多的精力去研究和分析市场，与客户进行深入沟通，以确保所提供的产品或服务能够精准地满足客户的需求。此外，定制变现还要求企业在生产流程、物流配送、客户服务等方面具备高度的灵活性和快速响应能力，以适应不断变化的市场需求。

在现代商业的竞争中，企业要想获得成功，仅仅依靠优质的产品和服务已经远远不够。因为消费者的需求已经不再局限于物质层面，他们更加注重精神层面的满足，而人的精神需求很多时候并非同质化的，这时就需要企业满足他们的定制需求。因此，谁能够抓住消费者的定制需求，谁就能够在激烈的市场竞争中占据先机。例如，一些品牌会根据消费者的个性和喜好，为他们提供定制化的产品和服务，让消费者感受到被重视和被关爱；还有一些品牌会通过举办各种活动，让消费者参与到品牌的建设和发展中，增强消费者对品牌的归属感和忠诚度。

随着社交媒体和网络平台的发展，定制变现的途径也变得更加多样化。人们可以通过博客、微博、视频分享等方式，将自己的个性化体验传播到互联网的每一个角落，吸引更多的关注和互动，从而为自己创造经济价值。

学员实操案例

我有一名学员，人们称他为花总，他主要做的是定制珠宝品牌。

在当今社会，消费者对于产品的个性化和定制化需求日益强烈，他们不再满足于传统的大规模生产的商品，而是追求能够体现自我特色和个性化需求的定制产品。在这样的市场趋势下，一个独具特色的珠宝品牌应运而生，它不仅仅是一个珠宝品牌，更是一个情感的传递者和记录者。

这个定制珠宝品牌的核心理念是，将顾客的个人故事融入珠宝的设计和制作过程中。每一件珠宝都不再是简单的装饰品，而是承载着顾客的记忆，是爱情、亲情、友情的具象化，是对生命中重要时刻的永恒纪念。这些故事成为珠宝设计的灵魂，使得每一件珠宝都独一无二。

顾客可以将自己的故事分享给品牌设计师，无论是关于浪漫的爱情故事、温馨的家庭亲情、深厚的友情，还是对某个人生里程碑的庆祝，如结婚纪念日、孩子出生、职业成功等。品牌设计师们倾听顾客的故事，捕捉其中的情感元素，将其转化为设计灵感，创造出既有美学价值又有深厚情感寓意的珠宝首饰。

通过这种方式，品牌不仅仅提供了一种产品，也提供了一种服务，一种能够让顾客与珠宝之间建立起特殊联系的服务。顾客通过这种独特的定制体验，不仅获得了一件珠宝首饰，也获得了一段永恒的记忆，一份可以随时佩戴的情感寄托。

定制变现的商业模式主要包括以下几个步骤：

1. 故事收集：品牌通过在线平台和实体店面与顾客互动，鼓励他们分享自己的故事。顾客可以在品牌的网站或应用程序上提交自己的故事，并附上相关的图片或视频。

2. 设计定制：设计师团队会根据顾客的故事进行创意设计，确保每件珠宝都能够反映出顾客的情感和个性。在设计过程中，设计师会与顾客进行多次沟通，确保最终产品能够满足顾客的期望。

3. 生产制作：一旦设计方案得到顾客的确认，珠宝就会进入生产阶段。品牌注重工艺和质量，确保每件珠宝都达到高标准。

4. 社区建设：品牌还会建立一个社区，让顾客可以分享他们的珠宝故事，从而增强顾客之间的联系和品牌的忠诚度。

这个创新的定制珠宝品牌成功地捕捉了顾客内心深处的情感，并将这些情感巧妙地融入到每一件独特的珠宝产品中。这一策略不仅迎合了市场上对个性化和定制化产品日益增长的需求，而且为品牌注入了生命力，使其在竞争激烈的珠宝行业中脱颖而出。

每一件珠宝作品都讲述着顾客的个人经历、梦想和感情，都成为一个故事的载体，让顾客的情感得以永久保存。这种深刻的情感共鸣不仅加深了顾客与品牌之间的联系，还促使他们成为品牌的忠实拥趸，因为他们在品牌中找到了与众不同的个性化体验和情感寄托。

随着品牌影响力的不断扩大，这些顾客通过口口相传，将自己的正面体验分享给亲朋好友，从而吸引了更多的潜在顾客。同时，品牌也利用社交媒体的力量，通过精心策划的内容和互动活动，进一步扩大其影响力和知名度。

这使得品牌不仅在短期内实现了显著的业务增长，也为长期的品牌忠诚度和市场竞争力奠定了坚实的基础。随着时间的推移，这个定制珠宝品牌将成为个性、情感和精湛工艺的象征，赢得广泛的市场认可和顾客的喜爱。

产品增值变现

产品增值变现是指通过一系列的策略和手段，提升产品的价值并最终将其转化为经济利益的过程。卖产品与产品增值变现之间存在着显著的差异。

首先，从目标的角度来看，简单地卖产品往往是为了实现一次性的销售收入，即通过产品的销售来获取利润。而产品增值变现则是一个更为复杂和深入的过程，它是将产品或服务转化为持续的经济收益。产品增值变现的目标不仅是实现短期的盈利，更重要的是为企业或个人创造长期的商业价值，确保产品能够在市场中长期存在并产生收益。

冲哥说：

必须知道一点：产品增值变现不是简单地卖产品！

其次，从收入来源来看，简单地卖产品通常依赖于一次性的交易，即通过单次的产品销售来获得收入。而产品增值变现则可以通过多种方式来实现，例如在线广告、订阅模式、付费增值服务、授权和许可等。这些方式使得产品变现更加灵活多样，可以根据市场需求和用户行为进行调整和优化，从而更好地适应市场的变化。

再者，从商业模式的角度来看，简单地卖产品通常是基于传统的销售模式，这种模式相对简单，主要依赖于产品的销售来获取收入。而产品增值变现则需要建立更加复杂的商业模式，这种模式涉及市场调研、用户需求分析、商业策略制定等多个方面。在产品增值变现的过程中，需要综合考虑产品的核心价值、目标受众、竞争环境等因素，以确保产品能够在市场中获得成功。

最后，从商业机会的角度来看，简单地卖产品可能会面临市场饱和、竞争加剧等问题，从而限制产品的发展。产品增值变现则可以为企业或个人提供更长期的商业机会，通过建立稳定的收入来源，可以为产品的持续改进和创新提供资金支持，从而确保产品能够在激烈的市场竞争中保持竞争力。

更需要注意的是，产品增值变现的核心在于创造价值并满足消费者的需求，同时通过有效的市场策略来吸引顾客，促使他们进行购买。这个过程可能包括对产品的包装、宣传、销售和服务等方面的精心策划，以确保产品能够吸引目标市场的注意，并且让消费者愿意为之付费。

在现代商业环境中，产品增值变现的方式多种多样，包括但不限于直销、零售、电子商务、订阅服务、授权经营等。每种方式都有其特点和适用场景，企业需要根据自身的产品特性、市场环境以及资源条件来选择最合适的变现路径。

例如，直销模式适合那些需要与消费者进行面对面沟通的产品，如保险、健康产品等；而电子商务模式则适合那些可以通过网络平台销售的产品，如电子书、软件应用等。订阅服务模式则适合那些提供持续服务或内容的产品，如在线杂志、流媒体视频服务等。

选择适合自己产品的增值变现方式需要考虑以下几个因素：

1. 产品特点：了解自己产品的特点，包括产品的核心价值、目标受众、竞争环境等。

2. 用户需求：了解目标用户的需求和行为习惯，以及他们对产品的付费意愿。

3. 商业模式：考虑自己的商业模式和盈利模式。

4. 可持续性：考虑变现方式的可持续性和长期发展潜力。

5. 竞争环境：了解竞争对手的变现方式和市场份额，分析他们的优势和劣势。

海尔的传统智能冰箱已经具备一定的智能化功能，如温度控制、食材管理等。然而，在市场竞争日益激烈的环境下，这些功能已经不足以吸引消费者。海尔发现传统智能冰箱的销售额增长缓慢，亟须通过产品升级来刺激销售。海尔究竟是如何通过产品升级从中杀出一条血路呢？

为了重塑"海尔银河系列"的市场地位，海尔采取了以下具体的升级策略：

1. 技术创新

精准温控：引入了新一代传感器和高级算法，使得"银河系列"能够实现 ±0.5℃的精准温控，确保食材的新鲜度。

智能食材管理：通过内置的摄像头和 AI 识别技术，冰箱能够自动识别食材并提醒用户其保质期，甚至为用户推荐菜谱。

智能语音助手：整合了小度智能助手，用户只需简单说出指令，如"小度，我要买牛奶"，冰箱即可自动添加到购物清单中。

2.用户体验优化

外观设计："银河系列"采用了全新的流线型设计和 LED 触控屏，外观更为现代和时尚，符合现代家居的审美趋势。

用户界面与操作：优化了 UI 设计，使得操作流程更加直观和简单。同时，通过手机 App 与冰箱的联动，用户可以随时远程控制冰箱，实现智能家居体验。

3.增值服务拓展

健康饮食计划：海尔与知名营养师合作，为用户提供了基于其饮食习惯和偏好的健康饮食计划，通过冰箱推送给用户。

在线购物：与电商平台合作，用户可以直接在冰箱上购买所需食材和用品，实现一站式购物体验。

经过上述升级策略的实施，"海尔银河系列"智能冰箱重新焕发了市场活力。其销售额相较于升级前增长了近50%，市场份额也得到了显著提升。

这一成功案例不仅证明了海尔的产品升级策略的有效性，也为我们提供了宝贵的启示：

紧跟技术潮流：企业应时刻关注新兴技术的发展，并将其应用到产品中，使产品保持竞争力。

深入了解用户需求：不断优化用户体验是产品成功的关键。

企业需要深入了解用户的真实需求，并针对性地进行产品改进。

个性化定制服务：深入了解每位用户的生活习惯，为每个家庭提供量身定制的方案。这种个性化的服务模式不仅能提高用户满意度，还能使企业在市场中脱颖而智能设备出。

科技赋能服务升级：引入先进的智能设备，为用户提供更加便捷、高效的服务体验。这些智能设备的引入不仅提升企业的服务品质，还能满足用户对时尚的追求。

第
三
章

让每一份资源都转换成现金流

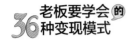

股权变现

顾名思义，股权是指股份公司中股东对公司的一种综合性权利。股权比例代表了股东在公司中的所有权份额，股东的股权比例越大，其在公司中的话语权和决策权就越大。

一般来讲，股权可以通过购买公司的股票或股份来获得。持有股票或股份的股东享有以下权益：

1.盈利权益：股东有权分享公司的盈利，包括分红和资本收益。

2.控制权益：股东有权参与公司的决策和管理，包括选举董事会成员、审议重大事项等。

3.资产权益：股东在公司解散或清算时有权分享公司的资产。

4.信息权益：股东有权获取公司的财务和经营信息，包括年度报告、财务报表等。

那么问题来了，股权也可以变现吗？

当然可以。

在传统意义上，人们所理解的"股权变现"是通过首次公开发行来获得资金。

首次公开发行是一种重要的融资方式，它为公司提供了一种机会，使其能够通过向公众出售股票来筹集资金。这种融资方式可以为公司提供大量的资金，用于扩大业务、进行研发、增加生产能力或偿还债务等。

然而，要进行首次公开发行，公司需要满足一系列的条件和要求。首先，公司需要具备一定的规模和发展潜力，以确保投资者对公司的信心和兴趣。其次，公司需要进行一系列的准备工作，包括财务审计、法律合规性审查和信息披露等。这些准备工作需要投入大量的时间、精力和资金。

此外，首次公开发行还需要通过证券监管机构的审批和监管。这些机构会对公司的财务状况、治理结构、业务模式等进行审查，确保公司符合相关的法规和规定。这个过程可能会非常复杂和耗时，需要公司与律师、会计师和投资银行等专业机构密切合作。

对于很多小老板来讲，要通过上述办法实行"股权变现"的确是有难度。

这个时候，我们可以考虑另一种办法，即私募股权融资。这种策略通常适用于那些尚未上市的公司，因为它们无法通过公开市场来筹集资金。通过这种方式，老板可以引入外部资本，而不必承担债务融资的利息负担。这不仅可以为公司注入新的活力，还可能带来新的视角和管理经验，因为投资者可能会要求在公司的运营中拥有一定的发言权。

在确定了合适的投资者后，双方将就股权的比例、价格以及投资的具体条款进行详细的讨论。这些条款可能包括投资者在公司中的决策权、分红政策、股权的买卖限制等。一旦达成协议，双方将签署正式的投资协议，确立各自的权利和义务。

通过出售股权换取资金的方式，老板不仅能够为公司带来必要的资金支持，还能够通过与投资者的合作，为公司带来新的增长机会。然而，这种做法也意味着老板需要与投资者分享公司的所有权和未来的利润。

私募股权融资需要注意什么？

项目选择	私募股权融资对项目的甄选非常严格，企业在进行私募股权融资前，需要确保自身具备足够的竞争力和潜力，以吸引投资者的关注。
投资周期	私募股权融资通常是长期投资，投资者希望在较长的时间内获得回报。企业需要有足够的耐心和长远的发展规划，以满足投资者的预期。
投资金额	私募股权融资通常对投资金额有一定的门槛要求，企业需要确保自身的融资需求与基金的投资策略相匹配，以增加融资成功的机会。

投资合作	私募股权融资通常涉及与投资者的合作关系，企业需要选择合适的投资者，并与其建立良好的合作关系，以实现共同发展。
法律合规	私募股权融资需要遵守相关的法律法规，企业需要确保自身的融资行为符合法律要求，并与投资者签订合法有效的合同和协议。
利益分配	私募股权融资涉及股权的转让和利益的分配，企业需要在融资前明确各方的权益和利益分配机制，以避免后续的纠纷和冲突。
信息披露	私募股权融资涉及投资者的权益保护，企业需要及时、准确地向投资者披露相关信息，保持透明度和诚信度。
风险管理	私募股权融资存在一定的风险，企业需要进行风险评估和管理，制定相应的风险控制措施，以保护自身和投资者的利益。
退出机制	私募股权融资通常需要在一定的时间后退出，企业需要考虑退出机制，并与投资者达成一致，以确保顺利退出并实现投资回报。
专业顾问	私募股权融资涉及复杂的法律、财务和交易结构等方面，企业可以考虑聘请专业的顾问团队，提供专业的咨询和支持。

　　王总经营一家白酒企业，推出的白酒不仅品质上乘，而且价格合理，因此深受消费者的喜爱，被誉为性价比极高的选择。多年来，王总的企业一直运营得风生水起，利润丰厚，成为当地白酒市场的一颗璀璨明珠。

　　然而，随着时间的推移，尤其是近几年，白酒市场的竞争日趋激烈。新的品牌如雨后春笋般涌现，老品牌也在积极寻求创新和突破。在这样的大环境下，王总的企业虽然依然保持着一定的市场份额，但利润开始出现了波动，不再像之前那样稳定。

　　到了 2019 年，王总的企业遭遇了前所未有的挑战。一些不可预见的外部因素，包括市场环境的变化、原材料价格的上涨等，导致企业的资金链出现了问题。如果再找不到有效的解决方案，企业将面临破产倒闭的严峻局面。

　　在这个关键时刻，王总找到了我，希望我能为他的企业出谋划策。在详细了解了王总企业的运营状况和面临的困境后，我经过深思熟虑，为他制定了一套全面的应对策略。考虑到王总是企业的唯一控股股东，资金链紧张的问题尤为突出，我提出了一种"股权变现"的解决方案。

　　这套方案的主要内容包括：

　　1.寻找 49 名志同道合的股东。这些人必须是对白酒行业有兴趣，愿意投资并参与到企业发展中的人士。

2. 每名股东出资 10 万元，以此获得企业一定比例的股份。通过这种方式，企业可以一次性筹集到 490 万元的资金，从而有效地缓解资金链的压力。

3. 每一名股东不仅可以参与企业的经营决策，还可以代理销售企业的产品。如果股东直接参与销售环节，他们将有机会获得额外的利润分成，这将进一步激发股东的积极性和创造性。

4. 为了扩大品牌影响力、赚取更多的利润，企业应该在短视频和其他社交媒体平台上进行积极的品牌宣传，并建立自己的社群。

5. 在社群中购买白酒的消费者，可以享受到一定的折扣优惠。这不仅能够增加消费者的购买欲望，还有助于提高品牌的忠诚度。

为什么要将股东的名额限制在 49 名？

是为了确保公司的控股股东能够持有超过半数的股权。这样的股权结构设计意味着王总至少要控股 51%。这不仅是一个简单的数字游戏，而有其深远的意义。

首先，持有 51% 的股权意味着王总拥有公司的绝对控制权。在股东大会上，他能够确保自己的决策和意志得到执行，因为在大多数情况下，公司的重大决策需要超过半数的股东同意才能通过。这样的股权比例使得王总能够在关键问题上拥有决定性的投票权，从而保持公司的战略方向和管理决策的稳定性。

其次，有助于防止股权过度分散。股权分散虽然可以带来资金的多元化，但同时也可能导致决策效率低下，因为过多的股东可能会导致意见分歧，使得公司难以迅速做出决策。在某些情况下，股权的过度分散甚至可能引发股东之间的斗争，影响公司的长期发展。

此外，保持王总的控股地位也有助于向外界传递一个明确的信号，即公司有一个稳定的领导核心。这对于那些希望与公司建立长期合作关系的潜在客户来说是一个积极的信号，因为它表明公司有一个强有力的领导者，能够确保公司政策的连续性和稳定性。

最后，从王总个人的角度来看，持有51%的股权也是对其个人财富和投资的一种保护。作为控股股东，王总能够在公司的盈利中获得相应的收益，并且在公司面临重大决策时，有足够的影响力来保护自己的利益不受损害。

近年来，王总的白酒企业在全国范围内迅速扩张，其分销网络遍布各地，吸引了大量的下一级代理商加盟。随着这些代理商的不断加入，企业的市场份额也在稳步增长，显示出其强大的市场竞争力和品牌影响力。

从王总的这个案例中可以看到：机会并不是不存在，而是被那些没有找到合适模式和策略的人忽视了。一个好的策略，就像给猛虎添上翅膀，能够使企业在市场竞争中脱颖而出，实现快速增长。

冲哥说：

格局的大小直接影响着我们能够看到和把握的机会有多少。

在这个过程中，我们需要认识到：只有打开格局、放宽视野，才能抓住更多的机遇。因此，无论是个人还是企业，都应该努力拓展自己的格局，才可能在充满变数的市场中找到属于自己的位置，实现持续的发展和成功。

平台变现

在当今这个信息化、网络化的时代，如果固守传统的思维模式，想要通过单纯地推销产品来获取利润，往往会发现效果并不如预期。这是因为在这个全球化的市场中，几乎每个人都在销售产品，无论是实体商品还是虚拟服务，市场竞争都异常激烈，各种产品之间的竞争压力巨大。

在这样的背景下，你需要转变思维，不能再局限于产品的销售。你可以考虑将业务重心从单纯的产品销售，转向提供更全面的服务。这种服务可以是对产品的增值服务，也可以是与客户建立更深层次的关系，提供更加个性化的服务，从而提升客户满意度，增强客户的忠诚度。

此外，你还可以考虑将自己的企业打造成一个平台。这个平台可以是产品交易平台，也可以是服务提供平台，甚至可以是信息交流平台。通过打造平台，你可以吸引更多的合作伙伴，提供更多元化的产品和服务，满足不同客户的需求。同时，平台还可以帮助你收集大量的用户数据，这些数据可以帮助你更好地了解市场动态，更准确地把握客户需求，从而制定更有效的市场策略。

冲哥说：

有了平台之后，就可以想办法将平台变现，转化成现金流。

那么问题来了，什么是平台变现呢？

平台变现是指通过构建一个平台，将不同的用户群体或业务连接起来，从而实现价值交换和创造收益的过程。这种模式通常涉及两个或多个不同的参与者，例如买家和卖家、服务提供者和服务接受者等。平台通过提供一个交互的场所，使得这些参与者能够相互发现、交易和互动，而平台则从中抽取一定的费用或佣金作为其收入来源。

平台变现的关键在于吸引足够多的用户参与进来，形成网络效应。随着用户数量的增加，平台的价值也随之提升，因为更多的参与者意味着更多的交易机会和更丰富的服务选择。

平台可以通过多种方式来实现变现，包括但不限于：

交易手续费：平台对每笔交易收取一定比例的费用。

订阅费：用户为了获得平台的特定服务或特权而定期支付费用。

广告收入：平台向第三方广告商出售广告位，展示其广告内容。

数据和分析服务：平台利用收集的用户数据提供市场研究和分析报告。

增值服务：平台提供额外的服务，如快速配送、保险服务等，以此来增加收入。

平台变现的成功依赖于有效的市场定位、用户体验优化、技术创新以及强大的网络效应。随着互联网和移动技术的发展，平台已经成为许多行业，尤其是共享经济、电子商务和在线服务领域的重要组成部分。

比如，现在人们津津乐道的两家巨头，腾讯和阿里巴巴都是通过构建了平台而实现了商业奇迹。

微信是一款社交媒体平台，通过提供即时通信、社交网络、支付、小程序等功能，将用户、商家和服务提供者连接在一起。微信通过广告收入、支付手续费、小程序分成等方式实现了平台变现。

阿里巴巴是一个综合性的电商平台，通过阿里巴巴集团旗下的淘宝、天猫、支付宝等平台，连接了买家和卖家，提供了在线购物、支付、物流等服务。阿里巴巴通过佣金、广告收入、金融服务等方式实现了平台变现。

这两个平台的成功在于它们能够有效地连接供应方和需求方，提供便捷的交易和服务，同时也积累了大量的用户和数据资源。通过不断优化和创新，它们不断扩大自己的平台生态系统，并在行业中取得了巨大的成功。

学员实操案例

在浙江义乌，李总的企业在穿戴甲市场中异军突起，仅用3年时间便做到了年销售额3个亿。

面对如此骄人的成绩，企业负责人李总却感到困惑：

困惑1：他看到了穿戴甲市场的巨大潜力，预计未来整个市场规模将超过30个亿，他要怎么做才能相对安全地拿到更多市场份额？

困惑 2：要继续扩大市场份额，就必须在研发、设备、厂房以及电商周转资金等方面进行大量投入。

正当李总为如何平衡扩张与投入之间的关系而苦恼时，他走进了我的课程现场。在听取了李总的困惑后，我给出了建议：发挥销售优势，将公司打造成一个电商平台，整合上游的工厂进行生产。

具体来说，李总的生意已经可以建立自己的电商平台，吸引更多的消费者和合作伙伴。通过平台，不仅可以直接销售产品，还可以为消费者提供个性化定制、售后服务等一系列增值服务。同时，平台还可以作为连接上游工厂和消费者的桥梁，实现资源的优化配置和高效利用。

为了吸引工厂加入合作，李总可以采取合伙企业的模式。即电商平台和合作工厂共同成立合伙企业，电商平台拿出 20% 的股份，而工厂则根据生产的产量比例享受电商的分红。这样一来，工厂不仅可以解决订单问题，还能通过电商平台的推广和销售，扩大自身的市场份额和品牌影响力，同时享受电商的红利。同时，电商平台也能通过合作工厂的生产能力，保证产品的质量和供应量，满足消费者的需求。

根据建议，李总着手实施这一战略。他首先投入大量资金用于电商平台的开发和运营，吸引了一批技术精湛、经验丰富的电商人才加入团队。同时，他还积极与上游工厂进行沟通合作，以合伙企业的方式共同开拓市场。

经过一段时间的努力，李总的电商平台崭露头角。越来越多的消费者开始关注并购买他们的产品，而合作工厂也纷纷表示愿意加入合伙企业，共同分享市场的红利。在这个过程中，李总的企业不仅实现了销售额的快速增长，还成功打造了一个具有强大竞争力的穿戴甲产业链。

为了进一步提升市场份额和品牌影响力，李总还加大了在研发和创新方面的投入。他们与多家知名高校和研究机构建立了合作关系，共同研发新型材料和技术，提高产品的质量和性能。同时，他还积极参加各类行业展会和论坛，与同行交流学习，不断提升自身的综合实力。

通过不断的努力和创新，李总的企业逐渐成为穿戴甲行业的领军企业，不仅在国内市场取得了骄人的成绩，还将产品远销海外，赢得了国际市场的认可和赞誉。

人力资源变现

人力资源变现是一种创新的商业策略，它的核心理念是将人力资源的价值和能力转化为经济收益。在这个模式中，人力资源不再仅仅被视为成本中心，而是被视为一种可以产生经济效益的资产。通过提供与人力资源相关的服务或解决方案，企业可以获得报酬，实现人力资源的货币化。

冲哥说：

人力是一种资源，有潜力的资源。

人力资源专家或顾问的角色变得尤为重要。他们提供专业的人力资源管理、招聘、培训、绩效评估等咨询服务，帮助企业解决人力资源管理中的各种问题，从而提高组织的整体绩效。这些专家或顾问通过他们的专业知识和经验，为企业提供定制化的解决方案，帮助企业优化人力资源管理，提高员工的工作效率和满意度。

此外，人力资源专家或顾问还可以开展人力资源培训课程，为企业提供员工培训和发展计划。这些培训和计划旨在提升员工的技能和能力，帮助他们适应不断变化的工作环境，从而提高企业的竞争力。通过这种方式，企业不仅能够提高员工的工作效率，还能够提高员工的忠诚度和满意度，从而提高组织的整体效益。

在招聘方面，人力资源专家或顾问也发挥着重要的作用。他们为企业提供人才搜索、筛选、面试等服务，帮助企业找到合适的人才，满足企业的人力资源需求。通过这种方式，企业不仅能够节省招聘的时间和成本，还能够确保招聘到的人才满足企业的需求，从而提高企业的整体效益。

最后，人力资源专家或顾问还可以开发和销售人力资源管理软件和工具。这些软件和工具可以帮助企业进行人力资源管理和数据分析，提高人力资源管理的效率和决策的准确性，从而提高企业的整体效益。

人力资源变现的优点包括：

1. 人力资源是企业最重要的资产之一，具有较高的价值和需求。

2. 人力资源变现可以充分发挥人力资源的潜力，提供有针对性的解决方案，满足市场需求。

3. 人力资源变现可以帮助企业降低成本，提高效率，增加收益。

学员实操案例

李总的公司常常受困于人员的流动，虽然他知道在商业世界中最宝贵的资源是人才，但他并没有好的办法可以优化公司的人力资源管理。

后来，我根据他的实际情况，设置了一套有效的人力资源管理方案。简单来讲，包括以下三个方面：

在人才培养方面，李总建立了一套完善的体系，旨在从员工入职之初就为其提供全面的职业发展路径。通过定制化的培训计划、职业规划和持续教育，李总要确保每一位员工都能在其职业生涯中掌握必要的技能和知识，以适应不断变化的市场需求和技术革新。这种对人才成长的投资不仅有助于提升员工的个人能力，也为公司培养了一支忠诚、高效的队伍。

在激励机制方面，李总采用了多元化的激励措施，包括但不限于竞争性的薪酬结构、股权激励以及丰富的福利制度。这些激励措施旨在激发员工的工作热情和创造力，鼓励他们为公司的长期发展做出贡献。

在绩效管理方面，李总实施了一套公正、透明的评价体系，确保每位员工的工作表现都能得到准确的评估和认可。通过定期的绩效评估，李总不仅能够识别和奖励高绩效员工，还能够发现潜在的问题并及时进行干预，帮助员工改进工作表现，从而实现个人与组织的共同成长。

就这三点小小的改变，李总在半年内就稳住了公司的人才，并且招募到了很多业内大佬，还培养了一套人力资源库。这些人忠心耿耿地跟着李总，为公司创下了一个又一个新高。

合伙人变现

自古以来，无论在商业的哪个领域，无论是经营规模庞大的企业还是小规模的商铺，团结合作的力量远远超过个体的孤军奋战。这种合作的精神体现在合伙人的概念上，它并不是现代社会的产物，也不是近年来才出现的商业模式，而是源远流长，自古便根植于商业实践之中的。

在古代，商人们就已经深知，通过结成合伙人关系，可以集合各自的资源、智慧和力量，共同应对商业风险，分享商业成果。这种合作模式不仅能够增强商业竞争力，还能在一定程度上分担风险，提高生意的成功率。因此，"合伙人"这一概念实际上是商业合作智慧的结晶，是历代商人智慧与经验的传承。

在不同的历史时期，合伙人的形式和运作方式可能有所不同，但其核心精神——合作共赢，一直是商业活动中不可或缺的一部分。在今天，随着全球化和市场经济的发展，合伙人制度更是成为企业扩张、创新和发展的重要手段。无论是初创企业还是成熟公司，都可以通过合伙人机制，引入资金、技术、人才等资源，实现资源共享，加速企业的成长。

冲哥说：

合伙人本身就是资源，只要是资源，就可变现。

合伙人变现，通常指的是合伙人将其在合伙企业中的权益转化为现金或其他形式的资产的过程。这可以通过多种方式实现，包括但不限于出售合伙份额、收取分红、获得工资或者其他利益分配。

在合伙企业中，合伙人可能拥有一定的所有权和决策权，这些权益可以被视为他们的投资。当合伙人需要资金或者想要退出合伙关系时，他们可能会变现这些权益。变现的方式可以是直接将合伙份额出售给其他合伙人或第三方，或者是通过企业的分红政策来获取现金分红。

此外，合伙人变现还可以通过债务融资的方式来实现，即合伙人以自己在合伙企业中的权益作为抵押，从金融机构获得贷款。这种方式虽然不直接将权益转化为现金，但提供了一种通过借款来满足资金需求的途径。

需要注意的是，合伙人变现的具体情况会受到合伙协议的约束，以及适用的法律法规的影响。在进行变现操作之前，合伙人应当仔细审阅相关文件，确保交易的合法性和合规性，并且考虑到可能对合伙企业及其他合伙人产生的影响。

比如，海底捞火锅连锁企业便采用了一种独特的合伙人模式来实现变现，这种模式在业界引起了广泛的关注。海底捞的合伙人模式主要包括创始合伙人、城市合伙人和店面合伙人三个层次。

首先，创始合伙人是海底捞公司的创始人或核心管理层成员，他们在公司中担任着至关重要的角色。作为创始合伙人，他们持有公司的股权，这不仅体现了他们对公司的贡献，也使他们能够享受到公司盈利时产生的相应分红。这种机制确保了创始合伙人与公司的利益紧密相连，从而更加积极地推动公司的发展。

其次，城市合伙人则是在特定城市中负责开设和管理海底捞门店的重要合作伙伴。他们在这个城市中扮演着关键角色，不仅负责新门店的开设，还负责现有门店的管理。城市合伙人可以分享他们管理的门店的利润和分红，这种利益共享的模式使得他们有更强的动力去提高门店的运营效率和销售业绩，从而实现更高的收益。

最后，店面合伙人通常是在具体门店担任店长的员工。他们是门店运营的核心，直接参与到门店的日常管理和经营中。作为店面合伙人，他们可以获得门店的股权作为激励，这不仅增强了他们的归属感，也让他们能够享受到门店盈利时产生的相应分红。这种激励机制鼓励店面合伙人更加积极地投入到门店的经营管理中，提高了门店的运营效率和销售业绩。

海底捞的合伙人模式通过将门店的经营权和利益分享给合作伙伴，实现了变现。这种模式可以激励合作伙伴更加积极地参与经营，提高门店的运营效率和销售业绩。

此外，海底捞还采用了裂变模式，这是一种快速扩张的策略。通过培养店长和经理，将经营和管理的方法和技巧传授给员工，并让他们在新的店铺中担任管理职位。这种裂变模式可以快速扩张门店数量，增加销售渠道和覆盖范围，从而提高整个企业的市场份额和竞争力。

然而，很多人只是经营着一家小店，是否会觉得合伙人变现距离自己太远了呢？

其实并不是。

以个体工商户为例，他们通常不涉及股份分配，而是由个人独资经营。在这种情况下，合伙人变现可能指的是个体工商户与其他合作伙伴共同经营时，如何将自己的投入或者所持有的业务份额转化为收益。

具体到个体工商户，合伙人变现可以通过以下几种方式实现：

1. 分红：如果个体工商户与其他人合伙经营，合伙人可以根据事先约定的比例或协议，定期或不定期地从企业盈利中分得一部分作为个人收入。

2. 清算退出：在合伙关系结束时，如合同到期或合伙人之一选择退出，可以通过清算企业资产，按照合伙协议分配剩余资产，实现合伙人的变现。

3. 债权转让：如果合伙人对企业有贷款或债权，可以将这部分权益转让给他人，以获得现金。

学员实操案例

朱总刚毕业的时候与几位朋友一起，创立了一家专注于智能软件开发的公司。凭借其深厚的技术背景和对市场的敏锐洞察，朱总带领团队开发了一款领先市场的智能软件，并且在短时间内便获得了用户的广泛认可。

通过不懈的努力和创新，朱总的公司在短短半年内便获得了500万元的收入，两年后资产规模更是达到了几千万。为了回馈创业伙伴，朱总不仅给予了他们比行业高30%的薪酬，还购买了豪车和房子赠送给他们。

然而，由于长期专注于技术研发，朱总忽视了团队建设和内部管理，导致公司内部出现了分裂和矛盾，公司里人心惶惶，业绩一落千丈，合作伙伴也离开了朱总。

面对这个困境，朱总非常受挫。在朋友的介绍下，他来上了我的课，经过一段时间的学习和我的指导，他带着新的合伙人策略和信心重回公司。

策略一：推出押金合伙人模式

每位内部合伙人需要缴纳 10 万元的保证金，并承诺在一定时间内完成指定的业绩目标；

一旦目标达成，合伙人将获得所带团队 30% 的分红，并退还本金；

若一年内未能完成业绩目标，也将全额退还保证金。

这一策略的实施，不仅留住了核心骨干，激励了合伙人的积极性，也为公司的快速发展注入了新的活力。

策略二：举办招商会

邀请客户到公司总部参观，上午展示企业的技术能力和产品优势；下午举办招商会详细谈合作方式和方案；晚上举行晚宴进一步促成合作。

第二天，邀请已经成交的客户到朱总的办公室详细谈合作细节，协助签订合同。

这一系列的操作，不仅增强了合作伙伴对公司的信任，也促进了双方更深入的合作。

策略三：内部融资

鼓励员工与公司进行"对赌"，设置业绩目标，如果超过目标线，参与对赌的员工将会获得 2~3 倍的回报；

如果未达标，员工可能会损失部分投资。

这个业绩目标的设计要考虑清楚，不能太简单，也不能太难，而是要"踮踮脚"就能够得着。

同时，朱总还设计相应的激励机制，对于在"对赌"中表现出色的员工，给予额外的奖励和晋升机会。

这种"能者多劳"的氛围一旦在公司蔓延开，员工会把这份工作当成自己的事业，公司内部会更团结、更积极向上。

策略四：拓展业务范围

朱总紧密关注行业趋势和市场需求，带领团队不断研发新的智能软件产品，以满足市场的多样化需求；

他还将业务范围从单一的软件开发拓展到了人工智能、云计算和大数据等领域，实现了业务的多元化发展。

策略五：区域拓展

朱总积极响应国家政策，沿着"一带一路"部署业务；

他与东南亚国家的企业建立了紧密的合作关系，共同开拓新的市场机会。

如今，朱总的公司在亚洲地区已经设立了多个分公司和办事处，业务遍布多个国家和地区。其中一个来自沙特的合伙人更是给他带来一笔 1 亿元的订单。

通过实施一系列的策略和改革，朱总成功地将公司从困境中拯救出来，并实现了业绩的飞速增长。从最初的几百万元到现在的数亿元，公司的业绩在短短几年内就翻了数倍。

培训会议变现

培训会议变现，是指通过精心策划和成功举办各类培训活动，不仅为参与者提供价值，同时也为组织者带来经济上的收益。这一过程涉及多个环节，包括会议的筹备、推广、执行以及后续的效果评估。

冲哥说：

但凡是公司，无论大小，都需要不定时地召开会议，其中最重要的一种会议就是培训会议。很多公司的培训会议本身就是一个百宝箱，非常具有参考价值。

在培训会议的筹备阶段，组织者需要精心设计会议内容，确保所提供培训的质量和实用性。这包括选择合适的讲师、开发培训课程、准备教学材料等。一个高质量的培训会议能够吸引更多的参会者，为会议的成功打下坚实的基础。

为了实现经济效益，组织者通常会向参会者收取一定的费用。这些费用可能包括报名费、参与费或者是对于某些特别课程或活动的额外收费。此外，组织者还可以通过寻找赞助商来获得资金支持。赞助商可能来自各个行业，他们通过赞助培训会议，在参与者中宣传自己的品牌和产品，从而实现双方的共赢。

对于参会者而言，培训会议是一个宝贵的学习和交流平台。他们可以在这里获取最新的知识、技能和行业经验，与同行建立联系，拓宽视野。这种知识和经验的分享，不仅有助于个人能力的提升，也促进了职业发展，甚至有可能为他们带来新的工作机会。

当然，除此之外，培训会议也有其他的变现方式，比如将培训会议的精华内容、专业知识或实用技能转化为能够带来经济效益的产品或服务。这个过程不仅仅是简单的内容转移，而是一种深入的加工和创新，旨在将会议中产生的知识和经验转化为具有市场价值的形式。

在培训会议变现的过程中，组织者会精心策划和设计，确保会议中的每一份专业信息、每一份教学材料、每一次互动体验都能被充分地利用起来。这可能包括将会议的录像制作成在线课程，将讲义和资料编纂成电子书，或者将专家的讲解和建议整理成咨询服务包。通过这样的方式，这些内容可以被更广泛地传播，不仅限于参加会议的人，还可以吸引那些未能参会但对这些资源感兴趣的潜在客户。

冲哥说：

变现的核心目的，在于为组织者创造额外的收入。

这对于维持和发展培训机构的运营至关重要。同时，这种变现也为参与者提供了额外的价值，因为他们可以通过购买这些产品或服务，进一步巩固和拓展在会议中学到的知识，甚至在会议结束后还能持续学习和参考。

培训会议变现可以通过多种方式实现：

1. 售卖会议录像：将培训会议的录像制作成视频产品，供未能参加会议的人购买学习。

2. 出版会议手册或教材：将会议中分享的知识、案例研究、最佳实践等内容编纂成书籍或电子书，对外出售。

3. 提供后续咨询服务：会议结束后，组织者可以提供个性化的咨询或辅导服务，帮助参与者将所学知识应用到实际工作中。

4. 开设在线课程或研讨会：利用会议内容创建在线课程，通过网络平台向更广泛的受众提供学习机会。

5. 开发工作坊或认证课程：基于会议主题，设计工作坊或认证课程，为参与者提供深入学习和实践的机会。

6.建立会员制度：创建一个会员社区，提供独家内容、资源访问权限、网络互动等，以吸引付费会员。

7.合作推广：与其他企业或专家合作，通过推广他们的产品或服务来获得佣金或赞助费。

学员实操案例

案例一：专业培训机构的在线课程

郑总作为一家专注于数字营销领域的专业培训机构的负责人，致力于通过在线平台为广大营销人员和爱好者提供高质量的培训课程。他们的培训机构在业界享有盛誉，凭借对数字营销趋势的敏锐洞察和专业知识的深厚积累，设计并推出了一系列精心策划的课程。

这些课程涵盖了搜索引擎优化（SEO）、社交媒体营销、内容营销等多个关键领域，旨在帮助学员掌握数字营销的核心技能和最新策略。为了确保学习效果，郑总的团队采用了多种教学形式，包括视频教学、实时问答以及互动讨论环节，这些丰富的教学手段不仅增强了学习的趣味性，也提高了知识的吸收效率。

学员可以根据自己的时间和学习进度灵活安排学习，这种灵活的学习方式极大地方便了忙碌的专业人士或是需要兼顾工作与学习的学员。他们可以随时随地通过在线平台访问课程内容，无论是在家中、办公室还是在通勤途中，都能充分利用零碎时间进行学习，有效地提升了学习的便捷性和实效性。

郑总的机构在商业模式上同样展现了多元化的思路。他们通过课程销售、会员订阅制度以及为企业量身定制的培训服务等多种途径实现了商业变现。这种多渠道的盈利模式不仅为机构带来了稳定的收入流，也满足了不同客户群体的需求。对于个人学员来说，可以根据自己的兴趣和需求选择单门课程或是成为会员享受更多服务；对于企业客户，定制培训服务可以更精准地解决企业在数字营销方面的实际问题，提升团队的整体营销能力。

案例二：企业内部培训的商业化

方总作为一家知名企业的高级管理者，领导着一个充满活力和效率的内部培训团队。这个团队由一群专业的培训师组成，他们精通各种职业技能和业务知识，致力于为公司的每一位员工提供全面而深入的职业发展支持。

内部培训团队的主要职责是为员工制定一系列必要的职业技能提升计划。这些计划涵盖了从基础的业务技能到高级的管理技巧等诸多内容，旨在帮助员工不断提升自己的工作能力，以适应公司快速发展的需求。通过这样的内部培训，员工能够在工作中更加得心应手，同时也为个人职业生涯的发展奠定了坚实的基础。

除了为内部员工提供培训之外，方总的团队还具有前瞻性地将这些高质量的培训课程对外开放。他们积极寻求与外部企业的合作机会，根据合作伙伴的具体需求，提供定制化的培训解决方案。这种合作不仅包括为合作伙伴的员工提供专业培训，还包括共同开发新的培训课程，以满足不同行业和领域的特定需求。

通过这种创新的培训服务模式，方总所在的企业不仅成功提升了自身品牌的影响力，还赢得了业界的广泛认可和尊重。更重要的是，这些培训服务为公司带来了额外的收入，使企业在激烈的市场竞争中保持稳定的增长态势。

案例三：行业会议与展览的结合

某个行业协会作为一个在行业内具有广泛影响力的组织，不仅致力于推动行业的发展和进步，还定期举办规模宏大的行业会议和展览活动。这些活动因其专业性和权威性，吸引了众多国内外的参展商和参会者，他们携带最新的产品、技术和服务，共同参与到这一行业盛会中来。

在这些行业会议和展览上，参展商们通过精心设计的展位，展示了他们的最新研发成果和业务能力，而参会者则有机会近距离了解行业的最新动态和未来趋势。这不仅为参展商提供了一个展示自身实力的舞台，也为参会者搭建了一个信息交流和商业合作的平台，促进了行业内的交流合作和知识共享。

除了作为信息交流的平台，这些大型行业会议和展览还是协会重要的经济来源之一。通过展位租赁，协会能够吸引企业租用空间，以展示他们的产品和服务。赞助商合作则是另一种形式，协会与各大品牌和企业建立合作关系，通过赞助商的资金和资源支持，为活动的顺利进行提供了保障。同时，广告宣传也是活动收益的重要来源，无论是会场内外的广告牌，还是会议期间的各种宣传资料，都为协会带来了额外的收入。

通过这些多元化的经营方式，协会不仅能够保证活动的质量和规模，还能够为自身的可持续发展提供经济支持。这些大型行业会议和展览的成功举办，不仅提升了协会在行业内的影响力和知名度，也显著增强其经济效益，形成了一个良性循环，推动了整个行业的繁荣发展。

项目变现

你还在坚持传统的产品销售模式吗？

如果你的答案是肯定的，那么你是否经常感到销售工作异常艰辛，尽管付出了巨大的努力，但收益依然不如预期呢？

在过去的一段时间里，我观察到了一个非常有趣的现象。许多老板仍然坚守着传统的产品销售方式，他们投入大量的时间和精力，却常常感到疲惫不堪。然而，一些更为聪明的老板已经跳出了这种传统框架，不再单纯地销售产品，而是开始转向项目销售，特别是那些"无中生有"的项目。

这里提到的"无中生有"的项目并不是指凭空捏造，而是指那些通过创新思维和独特视角，从零开始构建的商业模式。这些模式往往能够吸引到更多的关注和支持。

传统的产品销售模式往往伴随着高昂的成本。想象一下，如果由于某些内部或外部因素导致产品销售缓慢，那么库存积压就会成为一个严重的问题，不仅占用了大量的仓储空间，而且还会带来额外的成本压力。当产品最终无法顺利销售时，企业主不得不选择以低于成本的价格清仓，这不仅仅是利润的损失，还会直接影响到老板的情绪和健康。因此，我们需要改变销售策略，从单纯的产品销售转向更具创意和智慧的项目销售。

冲哥说：

传统的商业卖产品，新时代的商业卖项目，也就是通过项目变现，获得资金。

项目变现涉及将一个项目或计划从概念阶段推进到产生实际收益的阶段。在商业世界里，这个过程尤为关键，因为它直接关系到一个商业项目或创意是否能够转化为可观的商业价值和经济回报。

项目变现的路径多种多样，但核心目标始终是相同的，那就是将项目的潜在价值挖掘出来，并将其转化为实实在在的经济效益。这种转化不仅可以为企业带来盈利，还能增加企业的整体价值，提升企业的市场竞争力。

实现项目变现的方式包括但不限于以下几种：

1. 获取广告收入：对于一些平台型项目，如网站、应用程序或社交媒体平台，可以通过展示广告来获得收入。

2. 吸引投资：对于有潜力的项目，可以通过吸引外部投资者的资金来实现变现。这可能包括天使投资人、风险投资公司或其他投资机构。

3. 授权和特许经营：如果项目包含独特的技术、品牌或知识产权，可以通过授权给其他企业使用或通过特许经营的方式来获得收入。

4. 合作和联盟：与其他企业或组织建立合作关系，通过共享资源、技术或市场渠道来实现双方的互利共赢。

项目变现就像滚雪球一样，不仅可以给老板带来利润，还能提高老板的知名度。对于老板来说，项目的成功变现不仅仅是财务上的成功，更是对其信誉和吸引力的一种显著提升。当一个项目能够有效地实现商业价值的转化时，它就能够在市场上树立起良好的形象，这种形象对于吸引潜在的投资者和合作伙伴至关重要。

在当今竞争激烈的商业环境中，老板需要展现出项目的创新性以及实际的盈利潜力。这种展示不是空洞的口头承诺，而要通过实际的成果来证明。当老板能够通过数据、市场反馈以及客户评价等方式，清晰地展示出项目的商业价值和盈利前景时，就更有可能赢得投资者和合作伙伴的信任。

投资者和合作伙伴在选择合作对象时，往往会考虑项目的可行性、市场潜力以及团队的能力。一个能够成功变现的项目，往往意味着这些方面都得到了充分的验证。同时，成功的项目变现还能够为老板带来更多的资源和支持。这些资源可能包括资金、人才、技术、市场渠道等，都是项目发展不可或缺的要素。有了这些资源的支持，老板可以更加专注于产品的优化和市场的拓展，从而推动项目向更高的目标迈进。

学员实操案例

马先生在重庆拥有一片风景如画的茶园，这片茶园不仅生产优质的茶叶，也承载着他的梦想和热情。最初，他的商业模式主要是以销售茶叶为主，茶叶的品质和口感都得到了消费者的一致好评，为他在茶叶市场上赢得了一席之地。

然而，随着时间的推移，马先生逐渐感到了经营的压力。茶叶市场的竞争日益激烈，他发现，仅仅依靠销售茶叶，已经难以维持茶园的长远发展。寻找新的客户、拓展销售渠道、进行茶叶推广，这些都需要投入大量的时间和精力，让他感到疲惫不堪。

为了寻找突破，马先生决定进一步学习和探索。经过两年的深入学习，他的眼界大开，对于很多事物都有了全新的认识和理解。

在一次偶然的见面会上，我与马先生相遇了。他详细地向我诉说了他目前的经营困境，希望能够得到我的帮助，制定一条适合他茶园发展的新策略。

我向他提出了一个新的视角，建议他不要仅仅将注意力集中在茶叶上，而是应该拓宽思路，去策划和实施一个具有创新性的项目。这个项目的核心理念是，通过提供一系列的优惠和服务，吸引并保持优质客户的忠诚度。具体来说，这个项目主要包括以下几个方面：

1. 寻找一些优质的客户，向他们提供我们的项目。这个项目的费用设定为 10 万元。

2. 当客户支付了这 10 万元的款项后，他们将在第一年获得价值 10 万元的茶叶。这是我们对他们初次购买的回馈。

3. 第二年，我们将进一步增加对客户的回馈。他们不仅可以获得价值 10 万元的茶叶，还可以获得 5 万元的返利。

4. 到了第三年，客户将继续获得价值 10 万元的茶叶。同时，还可以获得 3 万元的返利。

5. 在第四年，客户将再次获得价值 10 万元的茶叶。同时，还可以获得 2 万元的返利。

6. 如果客户不喝茶，那么在规定的期限内，他们可以以 2.5 折的价格将茶叶转卖给马老板。

7. 如果客户能够分享并吸引一名新的客户，将可以获得若干奖励。

对于客户而言，这个项目无疑是一个稳赚不赔的投资机会，它不仅具有吸引力，还能够吸引大量的优质客户。无论客户是否对茶叶感兴趣，他们都有可能成为潜在的优质客户。因为即使客户本身不喝茶，他们也可以将茶叶转卖给马老板。对于马老板来说，他在短期内可以获得巨大的资金收入，以进行下一步的推广和销售活动。从账目上看，马老板是亏了，但他实际上是赚了，考虑到通货膨胀和机会成本，马老板的潜在赚钱机会一下子就打开了。

卖产品和卖项目之间的差距是显而易见的。卖产品通常只是一次性的交易，而卖项目则是一种更长远、更有潜力的商业模式。卖项目不仅仅是销售产品，更是在销售一个概念、一个愿景以及一个持续盈利的机会。

随着时代的进步，老板们总会找各种机会出来学习。他们认为，企业想做大做强，就需要不断地更新观念、技术和管理方法，以适应市场的变化。

因此，这些寻求新商机的老板在学习的过程中，会特别关注那些具有创新性、有市场需求并且能够带来经济效益的项目。他们会用敏锐的商业嗅觉，去评估每一个可能的机会，力求在众多的选择中找到那个能够为企业带来转机、为合作伙伴创造价值的优质项目。

要相信，卖产品的永远也比不过卖项目的。

第
四
章

打开思路，寻找新的增长点

厂房变现

厂房变现是指将企业拥有的厂房资产转化为现金或其他有价物的过程。这种变现可以通过出售厂房、将厂房进行租赁等方式实现。厂房变现通常是为了获取资金，解决企业的资金需求或优化资产配置。

在企业运营过程中，资金的流动性和灵活性对于企业的发展和运营至关重要。厂房作为企业的重要资产之一，其变现能力的强弱直接影响着企业的资金状况和经营效益。通过厂房变现，企业可以将原本闲置或低效利用的厂房资产转化为现金流，从而满足企业的资金需求，支持企业的运营和发展。

冲哥说：

对资源的浪费是对商业最大的不敬。

一种常见的厂房变现方式是出售厂房。企业可以选择将自己拥有的厂房出售给其他企业或个人，以获取现金或其他有价值的资产。通过这种方式可以快速获得大量资金，但需要注意的是，出售厂房可能会对企业的生产能力和规模产生一定的影响，因此在做出决策之前需要综合考虑各种因素。

另一种常见的厂房变现方式是将厂房进行租赁。企业可以将自己拥有的厂房出租给其他企业或个人，以获取租金收入。这种方式可以为企业提供稳定的现金流，并且较少对企业的生产能力产生影响。通过租赁厂房，企业还可以与租户建立合作关系，进一步拓展业务领域。

除此之外，还有一种变现方式是厂房贴现。具体来说，企业可以通过购买厂房等固定资产，随后并不直接使用这些资产，而是将其租赁给其他有需求的企业或个人。通过这种方式，企业能够将原本需要占用大量资金的固定资产转化为稳定的租赁收入，即应收账款。

为了将这些应收账款转化为更为流动的现金，企业可以采用贴现算法进行操作。厂房贴现的本质是一种金融操作，它涉及两个主要的方式：买转租和应收账款的贴现。这两个方式在厂房贴现中被简单地组合在一起，以实现特定的财务目标。

首先，买转租是一种将厂房的所有权转移给另一方，同时保留使用权的操作。在这个过程中，原厂房所有者将其厂房出售给另一方，但仍然保留了对该厂房的租赁权。这样，原厂房所有者可以继续使用厂房，而新的所有者则成为出租方。

其次，应收账款贴现是一种将未来的应收账款提前变现的操作。在厂房贴现中，企业将自己未来四期的应收账款作为担保，从金融机构获得现金贷款。这样一来，企业就可以立即获得现金流，而不必等待应收账款的实际到期日。

这两种方式的简单组合使得厂房贴现具有灵活性。厂房贴现的功能不受操作进度状态的限制，这意味着企业可以在任何时候选择进行厂房贴现操作。无论是在厂房购买、租赁还是其他环节，只要满足规定的条件，企业都可以进行买转租操作。同时，应收账款贴现的额度可以根据企业的需要进行调整，这使得厂房贴现更加灵活和适应不同企业的需求。

除了以上方式，还有其他一些厂房变现的方式可供选择。例如，企业可以将厂房进行改造或升级，提升其价值和吸引力，从而吸引更多的租户或买家。此外，企业还可以考虑将厂房用于其他商业活动，如开设零售店、办公室或仓库等，以增加收入来源。

评估厂房变现的价值和潜力可以考虑以下几个方面：

1.市场需求：评估目标市场对厂房的需求情况，包括市场竞争情况、供需关系等，以确定出售或租赁厂房的潜在收益。

2.厂房状况：评估厂房的建筑状况、设施设备情况等，以确定其在市场上的竞争力和变现潜力。

3.资金需求：评估企业当前的资金需求情况，确定是否需要通过厂房变现来解决资金问题。

4.法律法规：了解相关的法律法规，包括土地使用权、厂房出售和租赁的相关规定，确保在变现过程中合规操作。

学员实操案例

李总的公司在城市郊区拥有一座占地面积较大的废弃厂房，它曾是公司生产活动的核心区域。然而，随着公司战略的调整和市场环境的变化，李总和公司的高层做出了一个重大决策：不再利用这座厂房进行任何生产活动。

尽管这座厂房的建筑结构依然坚固完整，但它的内部设备已经陈旧过时，无法满足现代生产的高效要求。此外，由于长时间没有得到有效利用和维护，这些设备的性能也大打折扣。

面对这样的情况，李总和公司管理层开始考虑如何盘活这座废弃的厂房。他们意识到，将这座厂房变现，即出售或租赁出去，不仅可以为公司带来一笔可观的资金，而且能够将这些资金用于公司的其他业务领域，为公司的长远发展注入新的活力。

针对公司的具体情况，我为李总提供了一套变现策略，具体如下：

在项目的初期，李总首先要投入大量的资源和精力进行详尽的市场调研工作。这一过程包括对当地房地产市场的全面分析，尤其是对市场需求的细致考察以及对未来发展趋势的预测。李总特别关注了工业地产领域，对工业物业的供给与需求状况进行了深入的研究。

调研结果揭示：该地区正在逐步转型为一个高新技术产业区。这一变化不仅吸引了大量的高科技企业入驻，也带来了对高标准、现代化工业厂房的强烈需求。随着科技企业的集聚，对于具备先进技术设施和完善服务体系的工业厂房的需求，呈现出了显著的增长态势。

在深入分析市场调研结果之后，李总做出了一个明智的决策，那就是对厂房进行一系列的整修和现代化改造工作。这些改动的目标非常明确，即为了提升厂房的吸引力，以更好地满足潜在买家或租户的需求，从而在市场上保持竞争力。

首先，李总决定对厂房的电力系统进行全面的更新，替换老旧的电线，安装更为高效、节能的照明设备，以及引入先进的电力管理系统。这样的更新不仅能够确保电力供应的稳定性和安全性，还能降低能源消耗，减少运营成本，对于环保意识日益增强的现代企业来说，这是一个不可忽视的优势。

其次，消防安全设施的改善也是改造计划中的重要一环。李总深知安全生产的重要性，因此计划安装最新的消防设备，包括自动喷水灭火系统、烟雾探测器和紧急疏散指示标志等。通过这些措施，能够大幅提高厂房的安全性，提供一个更加安全的工作环境。

最后，李总还提出了对厂房空间布局的重新规划。这一举措旨在使空间利用更加灵活，可以适应不同买家或租户的业务需求。李总计划拆除一些不必要的隔墙，创造开放式的工作空间，并引入可移动的隔断墙，以便快速调整空间大小。

不仅如此，李总还为公司制定了一项创新的销售策略。对于那部分对购买有强烈意愿的消费者，公司提供了直接销售的服务。这就意味着，一旦买家做出决定，公司便能够迅速完成交易，从而为公司带来即时的资金流入。直接销售不仅能够快速回笼资金，还能够减少库存压力，为公司带来更多的流动资金，以便用于其他重要的商业活动。

然而，李总深知并非所有的客户都愿意或者有能力一次性支付大额的购买费用。因此，为了吸引那些对长期使用产品感兴趣，但又不希望立即承担全部费用的潜在租户，公司推出了长期租赁的选项。这种租赁服务允许客户以较低的月付方式使用产品，这不仅降低了他们的初始投入，还为他们提供了更大的财务灵活性。

长期租赁策略的实施，使得公司能够在租赁期内获得稳定的租金收入，这为公司创造了一个持续的现金流。随着时间的推移，这些租金收入累积起来，将为公司带来可观的财务收益。此外，长期租赁还有助于建立与客户之间的长期关系，这在提升客户忠诚度和市场口碑方面具有不可估量的价值。

同时，李总还投资在线广告。他利用搜索引擎优化技术，确保当潜在客户在网上搜索相关厂房信息时，他的项目能够出现在搜索结果的前列。不仅如此，他还在社交媒体、行业相关网站以及在线房地产平台上投放定向广告，以确保信息能够精准触达目标人群。

另外，李总还与多家地产中介建立了合作关系。通过这些中介机构的专业网络和客户资源，他的厂房项目得以推荐给更多寻求工业空间的潜在客户。这种合作不仅扩大了他的业务范围，也提高了厂房的租赁和销售效率。

李总还积极参与各种行业展会和商业活动。在这些活动中，他有机会直接与行业内的企业家、投资者以及租户进行面对面的交流，这不仅有助于建立人脉，还能直接展示他的厂房项目的优势和特点。通过参加展会，李总能够及时了解市场动态，把握行业趋势，进而调整自己的营销策略，以保持竞争力。

最重要的是，在整个变现过程中，李总深知法律和财务方面的复杂性，因此他采取了非常谨慎和专业的策略。为了确保所有的交易不仅严格遵守相关的法律法规，而且在财务上能够实现最大化的收益，李总甚至不惜投入资源，聘请了一批专业的法律顾问和财务顾问。这些法律顾问具有丰富的经验和深厚的专业知识，他们对现行的法律法规有着透彻的理解。他们为李总提供了全面的法律咨询和支持，确保在变现过程中的每一个步骤都能够得到有效的法律保护。

财务顾问的角色同样重要。他们利用自己对金融市场的深刻洞察和先进的财务分析工具，为李总的交易决策提供了数据支持。他们分析市场趋势、评估资产价值，并制订详细的财务计划，以帮助李总在变现过程中实现资金的最优配置，从而最大化财务收益。

供应链变现

随着我国经济的快速增长和产业结构的不断优化，物流产业作为国民经济的重要组成部分，得到了迅猛的发展。与此同时，基础设施建设也取得了显著成就，为物流产业的高效运转提供了坚实的基础。在这样的背景下，供应链管理的重要性日益凸显，它不仅是连接生产、分销与消费各环节的关键纽带，而且在很多情况下，供应链的高效运作对企业乃至整个经济体的竞争力都发挥着决定性的影响。

供应链的价值体现在多个方面。首先，高效、灵活的供应链能够确保产品和服务在最短的时间内，极大地提高市场的响应速度和消费者的满意度。其次，随着市场竞争的加剧，企业之间的竞争不再是单一产品或服务的竞争，而是整个供应链的竞争。那些能够通过供应链管理降低成本、提高效率的企业，往往能够在激烈的市场竞争中脱颖而出。此外，供应链管理还有助于企业更好地预测市场需求，优化库存水平，提高资金周转效率。

随着市场环境的不断变化和深入发展，供应链的角色也在不断演变。在某些行业，尤其是在高科技和电子商务领域，供应链的作用已经远远超出了传统的物流和仓储功能，还涉及产品设计、市场预测、客户关系管理等多个层面，成为企业核心竞争力的重要组成部分。在这些行业中，供应链的效率和创新能力往往直接决定了企业的市场地位和盈利能力。

因此，需要学会供应链变现。

供应链变现是一个涉及多个环节的复杂过程，它的核心目标是通过有效地利用供应链中的资源和能力，将供应链中的产品或服务转化为经济价值。这一过程不仅涉及产品的生产和制造，还包括产品的销售，最终实现产品价值的最大化。

供应链是由一系列供应商、制造商、分销商和零售商等组成的网络。这些参与者在供应链中扮演着不同的角色，共同合作，将原材料转化为最终产品，并将产品交付给最终客户。在这个过程中，每个环节都需要紧密协作，确保产品的顺利流通。

供应商是供应链的起点，负责提供原材料和零部件。他们需要与制造商建立紧密的合作关系，确保原材料的质量和供应的稳定性。制造商则负责将原材料加工成半成品或成品，他们需要具备高效的生产能力和良好的质量管理，以满足市场需求。

分销商和零售商是供应链中的关键环节，他们负责将产品从制造商处运输到最终客户手中。分销商通常负责大规模的物流运输和仓储管理，而零售商则负责向最终客户展示和销售产品。他们需要建立有效的销售渠道和营销策略，以吸引客户并提高销售额。

冲哥说：

供应链变现的关键在于优化供应链的整体运作，减少资金占用，提高资金周转率，降低运营成本，同时也可以提升客户的满意度和企业的市场竞争力。

在整个供应链变现过程中，各个环节之间的信息共享和协同合作至关重要。通过建立有效的信息传递机制和合作伙伴关系，供应链中的参与者可以更好地了解市场需求和供应情况，从而做出更明智的决策。此外，供应链中的技术创新和数字化转型也可以提高供应链的效率和灵活性，进一步推动供应链变现的实现。

在供应链变现中，企业可以通过以下方式实现经济价值的提升：

1.优化供应链流程：通过优化供应链中的各个环节，提高生产效率和运营效率，降低成本，从而实现经济效益的提升。

2.创新产品或服务：通过与供应链合作伙伴共同研发和创新，推出具有竞争力的新产品或服务，满足市场需求，从而实现销售收入的增加。

3. 拓展市场渠道：通过与供应链合作伙伴共同开拓新的市场渠道，扩大产品或服务的销售范围，增加销售额和市场份额。

4. 提供增值服务：通过为客户提供增值服务，如售后服务、定制化服务等，提高客户满意度和忠诚度，从而实现销售收入的增加。

5. 数据共享与分析：通过共享供应链中的数据，并进行数据分析和挖掘，提取有价值的信息，优化供应链决策和运营，实现经济效益的提升。

大多数人提到蜜雪冰城，首先想到的是其满街的奶茶和冰激凌店，以及其亲民的价格。

但蜜雪冰城并不依赖直接的奶茶销售或加盟费来实现主要盈利。相反，它最赚钱的业务是向加盟商销售食材和包装材料。

这种模式就是供应链变现。蜜雪冰城不仅仅是一个奶茶品牌，更是一个食材供应和分销巨头。通过向加盟商提供高质量的原材料和包装，蜜雪冰城确保了其产品的一致性和品质，同时也为自己开辟了一条稳定的盈利渠道。

这种供应链变现的策略为蜜雪冰城带来了两大核心优势。

1. 通过向加盟商销售食材和包装材料，蜜雪冰城建立了庞大的、稳定的收入来源。不仅增加了整体利润，还为它提供了更多的资金来支持扩张和创新。

2. 供应链模式的关键就是垄断。由于庞大的采购量和销售规模，蜜雪冰城能够与供应商建立更紧密的合作关系，并获得更优惠的价格和条款。这种议价能力进一步增强了它的市场竞争力，并确保了它能够持续提供高品质、低价格的产品。

通过供应链变现的策略，蜜雪冰城成功地实现了从奶茶巨头到食材销售冠军的转变。这种策略不仅为其带来了稳定的盈利和强大的市场竞争力，还为其未来的发展奠定了坚实的基础。

其实赚钱就是赚信息差，整合供应链的过程也是在梳理你知道的信息、你手中的资源。

学员实操案例

我的学员陈总做电子产品制造业，他是这样将供应链变现模式应用到自己的业务中的。

下游经销商策略：

要想在电子产品制造行业取得成功，必须牢牢抓住下游经销商这一关键环节。陈总推出了一款具有创新技术和高品质的高端智能手机，并制定了以下策略来吸引和激励下游经销商：

步骤一：陈总设定了 5 万元的入门费用，允许下游经销商成为该手机的独家代理商，并享有区域独家销售权。这一策略大大降低了经销商的入门门槛，还增加了他们的合作意愿和忠诚度。

步骤二：为了确保货源的稳定供应，陈总承诺每月为独家代理商提供至少 1000 台手机的供货量。

同时，他还为代理商提供了全面的市场营销支持，包括广告投放、促销活动策划等，帮助他们更好地开拓市场。

步骤三：为了激励下游经销商增加销售额，设定不同层次的奖励机制。

独家代理商年销售额达到 500 万 ~ 1000 万元时，他们将获得价值 10 万元的市场拓展基金，用于支持其进一步扩大市场份额；

年销售额达到 1000 万 ~ 2000 万元时，代理商不仅能获得价值 20 万元的市场拓展基金，还将额外获得价值 5 万元的最新款研发设备，以提升其技术实力和市场竞争力。

上游供应链策略：

电子产品制造行业的核心竞争力在于技术研发和原材料供应。为了提升整体竞争力，陈总决定与上游供应商建立更紧密的合作关系，形成产业协同。

步骤一：与上游芯片供应商达成了长期合作协议，锁定了芯片的稳定供应和优惠价格。这一举措不仅降低了生产成本，还提高了产品质量和可靠性，为公司在市场上树立了良好的口碑。

步骤二：为了保持技术领先地位，陈总决定投入 500 万元与上游研发机构合作，共同研发新款手机芯片和相关技术。通过与研发机构的紧密合作，公司不断推出具有创新技术和高品质的新产品，满足了消费者对高性能智能手机的需求。

步骤三：为了提高供应链效率和响应速度，陈总推出了公司与上游供应商建立信息共享平台。通过实时同步库存、生产、销售等数据，公司能够更准确地预测市场需求，优化生产计划和库存管理，降低了库存成本和缺货风险。

通过整合上下游资源并应用产业链模式，陈总的公司实现了显著的业务增长和竞争力提升。这一成功案例证明了供应链模式在电子产品制造行业同样具有广阔的应用前景。

租赁变现

租赁变现是一种将拥有的资产通过租赁转化为现金或其他有价物的过程。在这个过程中，个人或组织可以将自己拥有的资产，如房屋、车辆、设备等出租给他人，从而获得租金收入。这种方式可以帮助资产拥有者将闲置的资产变为经济价值，实现资产的最大化利用。

租赁变现可以带来多种好处。对于资产拥有者来说，他们可以通过出租资产获得稳定的现金流，并减少资产闲置带来的损失。他们可以将资金用于其他投资或消费，从而提高资产的利用效率。对于租赁者来说，他们可以通过租赁获得所需的资产或服务，而无需购买或拥有这些资产。这样一来，他们可以节省资金，并将资源用于其他方面。

此外，租赁变现还可以促进经济的发展。通过租赁交易，资产可以更好地流动和分配，满足不同人的需求。同时，租赁市场的发展也可以创造就业机会，促进相关产业的发展。很多人可能会以为，租赁变现就是将自己拥有的资产租借给别人，其实并没有这么简单。

租赁变现作为一种金融工具，其实施过程是复杂且多阶段的。首先，这一过程始于对公司所拥有资产的全面评估。这一步骤至关重要，因为它决定了资产的市场价值，从而影响后续步骤的实施。资产评估完成后，接下来是结构设计阶段，这涉及如何将这些资产打包成可以在市场上交易的证券产品。这个阶段需要精心设计，以确保证券的结构能够满足不同投资者的需求。

租赁变现在许多行业中都被应用广泛，以下是一些常见的行业：

1. 房地产行业：房地产开发商可以将自己拥有的商业物业或住宅出租，从而获得租金收入。

2. 车辆租赁行业：个人或企业可以将自己拥有的汽车、摩托车或其他交通工具出租给其他人使用，以获取租金收入。

3. 设备租赁行业：企业可以将自己拥有的设备、机械或工具出租给其他企业使用，以满足他们的生产或运营需求。

4. 金融租赁行业：金融机构可以通过融资租赁的方式，将资金提供给企业或个人，以购买其所需的资产，并通过租赁方式获得回报。

5. 文化娱乐行业：影院、剧院、演出场所等可以将自己的场地出租给演出团体或其他文化娱乐活动，以获取租金收入。

6. 酒店和旅游行业：酒店、度假村和民宿等可以将自己的客房或房屋出租给旅客，以获取租金收入。

7. 仓储和物流行业：仓库和物流公司可以将自己的仓储空间和物流设施出租给其他企业，以满足他们的存储和配送需求。

学员实操案例

有个佛山学员林总，主要生产智能叉车，公司非常重视技术研发和产品质量，拿到了几十项技术专利，由于前期研发投入比较大，定价比同行高出不少。

林总参加完我的课程后，按照租赁变现的策略，重新设计了一套方案。

怎么做呢？简单来说，就是把叉车租给别人使用，先收保证金后期定期收租。过去卖叉车，是一次性收益，现在做叉车租赁的话，是持续的管道收入。

同时，客户群体也做了重新的定位。过去呢，无论客户大小，只要能卖叉车就好，现在，公司开始调整策略。首先，不再什么客户都合作，而是瞄准了大型物流公司，比如顺丰、京东、"三通一达"，以及大型云仓。

为什么选它们？因为这些公司对叉车的需求很大，而且持久。一笔订单签下来的话，相当于过去几十笔订单，业务人员收入也随之提高。

接下来，我建议林总，推出了一项全国招商政策：鉴订价值

1000万元的叉车租赁合同，就能成为那个城市的独家代理商。这些叉车不是买，而是租，大大减少了代理商的初期成本。这一下子就吸引了30家城市代理商加入，合同金额高达3个亿。

但这还不够，公司还想了个更吸引人的金融模式。他们给每家代理商赠送了价值1000万元的上市原始股。这意味着，如果公司将来上市了，这些代理商手里的股票可能会增值10~20倍。

这样一来，代理商们不仅愿意租更多的叉车，还成了公司的忠实合作伙伴。他们帮忙推广，帮忙找客户，公司的业务就像滚雪球一样越做越大。

两年下来，这家公司的名声越来越响，业绩也翻了5倍多。

林总最近高兴地跟我说："当初租赁变现的决策，真是咱们公司的转折点啊！"

所以说，有时候，换一种方式做生意，就能打开全新的局面。从生产销售到租赁变现，这家叉车公司不仅找到了新的增长点，还让更多的大型物流公司享受到了便捷的服务。

现在的市场，变化很快。我们做生意，也得跟上时代的步伐，不断创新，才能立于不败之地。

我的另一个学员张总是个归国华侨，他也通过租赁变现这一策略成功实现利润倍增。

他在国外生活多年，对国内外文化有着深入的了解。他发现，在国外，尤其是欧美地区，富豪们对游艇有着极高的热情，他们喜欢购买游艇作为身份的象征和休闲的工具。然而，在国内，尽管游艇市场也在逐步增长，但大多数人仍然将其视为奢侈品，鲜有购买的意愿。

他意识到，国内外消费者对游艇的态度差异，为他提供了一个独特的商业机会。他决定利用这一差异，推出豪华游艇租赁业务，满足国内富豪们对游艇的渴望，同时降低他们的经济压力。

具体操作方案如下：

市场定位：将目标客户定位为国内的高净值人群，包括企业家、明星等。他们有着强烈的社交需求和休闲欲望，是游艇租赁的潜在客户。

游艇选择：为了满足不同客户的需求，精心挑选一系列高品质、设计独特的豪华游艇。这些游艇不仅配备了先进的娱乐设施，还注重舒适度和私密性。

服务团队：组建一支专业的服务团队，包括经验丰富的船长、船员和活动策划人员，为客户提供从游艇租赁到活动策划的一站式服务，确保客户能够享受到完美的游艇体验。

营销策略：张总利用自己的海外背景和人脉资源，与国际知名游艇品牌合作，提升品牌的知名度和影响力。同时，他还通过参加招商会，去一些高端的社交场合、私人派对等，向目标客户推广游艇租赁业务。

自推出豪华游艇租赁业务以来，张总的公司取得了显著的成绩。据统计，仅第一年，公司就实现了近5000万元的租赁收入。其中，单艘游艇的最高租赁收入达到了500万元。而且，随着口碑的传播和市场的扩大，这一数字还在不断攀升。

张总通过深入了解国内外文化差异和消费习惯，成功地将豪华游艇从奢侈品变成了大众可以接触到的消费品。他的创新

变现策略不仅满足了国内富豪们对游艇的渴望，还为公司带来
了丰厚的收益。

冲哥说：

租赁变现，或许就是你下一个可以尝试的
商业模式！

所以，如果你也是做实体产品的，不妨想想，能不能把你的
产品租出去，让它持续产生价值？这样，不仅能快速回笼资金，
还能吸引更多合作伙伴，一起把生意做得更大更强。

合作变现

在竞争激烈的商业社会中，企业之间的合作已经变得日益紧
密。各个公司的老板不再满足于单打独斗，而是选择与其他企业展
开深度合作，这种现象在商界已经不再是什么新鲜事。通常情况
下，我们所理解的企业合作，往往是在同一行业内或者是在两家有

共同利益的公司之间进行，比如供应链的上下游企业之间的合作。

然而，即使是不同行业的企业，也可以展开合作，而且这种跨界合作所能带来的利润，往往会远超出一般人的想象。在现代商业环境中，跨界合作已经成为一种新的趋势，它打破了传统的行业界限，让不同行业的企业能够共享资源、优势互补，从而创造出更大的市场价值。

这种跨界合作的好处是显而易见的。首先，它可以帮助企业开拓新的市场，拓宽业务范围。其次，通过与其他行业的企业合作，企业可以学习到新的知识和技能，提升自身的竞争力。最后，跨界合作还可以帮助企业降低运营成本，提高运营效率。

因此，无论是对于大型企业还是中小型企业，都应该积极寻求与其他行业的企业进行合作，以此来提升自身的竞争力，实现企业的持续发展。在这个过程中，需要具备开放的思维，勇于创新，只有不断寻找和尝试新的合作模式，才能在激烈的市场竞争中脱颖而出。

合作变现可以带来以下几个重要的好处：

1. 扩大市场影响力：通过与其他企业或个人合作，可以借助其已有的市场渠道、客户资源和品牌影响力，快速扩大自身的市场覆盖范围，提高品牌的知名度和曝光度。

2. 分担风险和成本：合作可以将风险和成本分摊给合作伙伴，减轻自身的负担。例如，合作伙伴可以共同承担市场推广费用、研发成本或生产成本，降低自身的经济压力。

3.资源和优势互补：通过合作，可以获得合作伙伴的资源和优势，弥补自身的不足之处。例如，合作伙伴可能具有先进的技术、专业的知识或丰富的客户资源，可以为项目的成功实施提供支持。

4.创造更多商机：合作可以带来更多的商机和合作机会。通过合作，可以共同开发新产品、进入新市场或开展新业务，从而创造更多的收益。

5.提高竞争力：通过合作，可以提高自身在市场上的竞争力。合作伙伴可能具有独特的资源、技术或市场洞察力，可以帮助自身在竞争激烈的市场中脱颖而出。

学员实操案例

我曾经有幸在贵州遵义这个美丽的地方进行过深入的考察。其间，我走访了当地的许多酒厂，这些酒厂各有特色，但都透露出一种对酿酒工艺的执着和热爱。在我的记忆中，那些酒香弥漫的车间、忙碌的工人以及他们手中流淌的金色液体，都给我留下了深刻的印象。

在过去，酒厂的盈利模式相对单一，主要依赖于酒的销售，通过批发代理的方式来获取利润。但是，随着国内酒类市场的竞争日益激烈，这种模式逐渐暴露出了局限性。除非一个酒厂能够成为行业的领头羊，拥有足够的品牌影响力，从而为自己的产品赋予较高的品牌溢价，否则将会在市场的残酷竞争中挣扎，甚至面临生存的危机。

在当地，除了酒厂之外，还有很多其他行业，比如做餐饮的、做小吃的，甚至还有 KTV，其中有几位老板也是我的学员。我在逐一跟他们沟通之后，亮出了我独一无二的商业模式。

这种商业模式主要是针对酒厂的。简单来讲，主要分为以下几个步骤：

1. 不同的酒厂之间形成一个联盟，这个联盟后期还将吸纳更多不同的行业，比如当地的餐饮业。

2. 所有消费者都可以在联盟中的一家酒厂花 3000 元购买一张金卡。

3. 金卡包含的服务有：价值 3000 元的白酒，价值 3000 元的餐饮消费券以及价值 3000 元的本地通。其中，本地通涵盖吃、喝、玩、乐四个方面。

当时，我向酒厂的人员解释了我的三步计划。当我阐述完这个计划后，他们很显然被我的话给震撼住了。然而，这种震惊并没有持续太久，很快就被一种疑惑的情绪所取代。

他们纷纷向我提问："就这么简单？"他们的语气中充满了不可思议。我看着他们，坚定地回答："没错，就这么简单。"我的计划就是这么简单。

然而，也有一些朋友提出了他们的疑问。他们问道："如果计划是这样的，那么酒厂似乎会亏损，那么利润从哪里来呢？"我看着他们，说："很简单，在我这个商业模式下，酒是不赚钱的，甚至是亏钱的。"

听到我的回答，他们都显得有些惊讶。他们不明白，如果酒不赚钱，那么酒厂的利润从哪里来呢？我看着他们，平静地说："那么，我们靠什么赚钱呢？我们靠现金流。"

在我的商业模式中，平时需要一年、两年甚至三年才能回笼的资金，在短期内就可以迅速成为企业的现金流。因为消费者从中获得了真正的实惠，相当于花了3000元，不仅买到了酒，还获得了3000元的餐饮消费券以及3000元的本地娱乐通，这会快速吸引大量的消费者。

酒厂在近期内成功实现了稳定的现金流入，这一重要的财务成果为其未来的发展规划奠定了坚实的基础。具体来说，稳定的现金流意味着酒厂拥有了足够的资金储备，可以着手进行扩大再生产的计划，这包括但不限于增购设备、扩建工厂、招聘更多的员工以及研发新的产品线。这些举措将有助于酒厂增强生产能力，提高市场竞争力，从而为未来的发展做好充分的准备。

除了扩大再生产，酒厂还可以考虑利用这部分资金开发其他项目，以实现业务的多元化和风险的分散。例如，酒厂可以与餐饮店建立更为紧密的合作，通过提供专属的定制酒品，或者共同推出联名产品，来吸引更多的消费者，增加品牌的曝光度，从而开拓更广阔的市场空间。这种深度合作不仅能够为酒厂带来额外的收入，还能够提升其在行业内的影响力。

在经济学的视角下，现金流的流通效率对于企业的价值创造具有至关重要的影响。同样的资金，如果能够在单位时间内流通多次，那么它所能产生的价值将会显著增加。这是因为每一次资金的流通都可能伴随着价值的增值过程。因此，酒厂在确保现金流稳定的同时，也需要关注如何提高资金的使用效率。通过高效的资金管理和运营策略，使得每一分钱都能够发挥出最大的价值，为企业的持续成长和繁荣注入源源不断的动力。

冲哥说：

你的思想需要转变，从单一的思维模式到整体的立体生态的思维模式。

举个例子，同样是一元钱，一种流通环节是企业作为工资发给员工，员工将其存入银行；另一种流通环节是企业作为工资发给员工，员工去超市买了菜，超市老板拿到这一元钱后带着女儿去游乐场玩了一圈，游乐场的企业将其作为利润存入银行。虽然这一元钱的最终归宿都是一样的，但由于其在过程中流通的次数不同，所带来的效益就会大有不同。

所以，你需要学会的是，赚那些别人看不到的钱。

顾问变现

顾问变现，通常指的是专业顾问通过将其专业知识、技能和经验转化为可盈利的服务或产品，从而实现经济收益的过程。在这个过程中，顾问可能会提供各种形式的咨询服务，比如个人咨询、企业战略规划、市场分析、财务规划等，或者开发相关的培训课程、书籍、在线资源和其他知识产权产品。

顾问变现的关键在于识别和利用自己的专业优势，以及了解市场需求，找到合适的方式将知识转化为价值。这可能包括一对一的咨询服务，也可能涉及创建标准化的产品或服务，以便更广泛地触及潜在客户。

例如，一位营销顾问可能会通过提供定制化的市场策略来帮助其他企业发展业务，从而收取咨询费用。同时，该顾问还可以通过撰写关于营销策略的书籍、开设在线营销课程或举办研讨会等方式，进一步扩大其服务范围，实现知识的多元化变现。

顾问变现不仅为顾问本身带来收入，也为客户提供了宝贵的专业知识和解决方案，帮助他们解决特定问题或提升业务表现。这种互惠互利的模式在当今知识经济时代变得越来越普遍，成为许多专业人士实现职业发展和经济独立的重要途径。

在我看来，顾问变现在本质上是一种专业服务的商业模式。在这种模式中，顾问利用自己积累的专业知识和丰富的实践经验，为那些面临问题或寻求发展的人提供指导和解决方案。这种服务的价值在于，它能够帮助客户克服障碍、优化决策过程，进一步实现业务增长和个人目标。作为对顾问所提供专业意见和服务的回报，客户支付相应的费用，从而实现顾问的知识和服务的货币化。

不难看出，顾问的变现途径是多样化的，他们可以在各种不同的领域内施展才华。例如，管理咨询师可能会帮助企业改进管理体系，提升运营效率；投资顾问可能会为客户提供投资建议，帮助他们在复杂的金融市场中做出明智的投资决策；而个人品牌顾问则可能帮助个体塑造和改善个人品牌形象，增强市场竞争力。无论是在哪个领域，顾问都需要具备深厚的行业知识和实战经验，以便为客户提供真正有价值的建议。

然而，顾问变现的核心并不仅仅在于专业知识和经验的积累，更在于建立和维护自己的专业声誉和信任度。顾问的专业声誉是基于其过往成功案例和客户满意度构建起来的。当顾问能够不断地为客户解决问题并提供高质量的服务时，他们的声誉就会随之提升，从而吸引更多的客户。信任度则是通过诚实、透明的沟通和一贯的服务品质来建立的。只有当客户完全信任顾问的专业判断和建议时，顾问才能有效地进行变现。

顾问变现的优点包括：

1.高收益：顾问可以根据自身的专业能力和市场需求定价，获得较高的收益。

2.灵活性：顾问可以自由选择工作时间和工作地点，具有较大的灵活性和自主性。

3.个人品牌建设：通过提供咨询服务，顾问可以建立自己的个人品牌，提升知名度和影响力。

4.专业成长：顾问需要不断学习和研究行业动态，提升自身的专业能力和知识水平。

　　曾经有一个朋友半开玩笑地问我："你知道在我们的日常生活中，最常见的赌博行为是什么吗？"我稍微思考了一下，然后自信满满地说出了几个我认为可能的答案，但他轻轻地摇摇头，带着一丝神秘的微笑说："不是。"

　　"那到底是什么呢？"我有些好奇地追问。

　　他看着我，然后说："要不去这家理发店试试？"

　　我愣了一下，随后恍然大悟，忍不住跟着笑了起来。原来，他说的赌博，是每次去理发店的经历。

　　我相信，很多人都有过这样的体验。每一次走进理发店，都仿佛是在进行一场未知的冒险，因为你永远不知道最后出来的效果会是怎样的。尤其是对于年轻人来说，理发不仅仅是简单地修剪头发，更是一种对自我形象的追求和塑造。而选择理发店，就像是在选择一种可能的人生方向。只有经过深思熟虑，想好究竟要去哪家理发店，才能得到我们心中理想的发型。

　　小朱出生在一个朴实的农村家庭，从小就对外面的世界充满了好奇和向往。初中毕业后，他没有选择继续在学校就读，而是带着对未来的憧憬和一腔热血，踏上了前往大城市的旅程。

　　刚到大城市的时候，小朱面对的是陌生和挑战。为了生计，他选择成为一名理发学徒，开始了艰辛的打工生涯。起初，他的工作并不轻松，每天的工作时间长，而收入却十分微薄，但他并没有抱怨，而是将这份工作视为一个学习和积累经验的机会。

在学徒的生涯中，小朱勤奋好学，不断地观察、学习和实践。他深知，只有掌握了真正的技术和知识，才能在这个行业中脱颖而出。随着时间的推移，小朱的努力得到了回报，他逐渐掌握了理发的核心技术和美学理念，对于如何根据顾客的脸型、肤色以及个人气质来设计发型有了自己独到的见解。

终于，经过多年的努力和积累，小朱决定迈出一大步，他用自己的积蓄和借来的资金，开了一家属于自己的理发店。这家店虽小，但干净整洁，充满了个性。小朱将自己的全部心血都投入到了这家店中，他不仅为顾客提供专业的理发服务，还会根据每个人的特点，为他们量身打造最适合的发型。

凭借着精湛的手艺和周到的服务，小朱的理发店很快就在当地小有名气。顾客们对他的技艺赞不绝口，甚至有人专程从远方而来，只为了让小朱为自己理发。于是，小朱的理发店成了一个小小的社区中心。

随着小朱的理发店声誉日隆，越来越多的顾客慕名而来。然而，随之而来的是小朱工作压力的增大，他开始感到手忙脚乱，难以应对络绎不绝的顾客。为了缓解这种状况，小朱决定招聘一些员工，分担自己的工作压力。但遗憾的是，新招的员工技艺与小朱相比，总是有些差距，无法完全满足顾客的需求。

每当有顾客进店时，他们总是会点名要求小朱亲自为他们理发，这无疑给小朱带来了巨大的压力。为了控制客流量，小朱尝试提高理发的价格，希望能够减少一些顾客。然而，即使价格上调，依然挡不住热情的顾客们，他们仍然愿意为小朱的手艺支付更高的费用。

在一次偶然的机会中，小朱决定停下来学习。经过几个月的深入思考和实践摸索，小朱逐渐发现了一条新的职业道路。他意识到自己不必亲自为每一位顾客理发，而是可以转型成为一名理发顾问，将自己的经验和理念传授给他人。

有了这个决定后，小朱开始精心挑选员工，他不再只是寻找技术娴熟的理发师，而是寻找那些有潜力、愿意学习、能够接受新观念的员工。小朱将自己的理发理念和丰富经验毫无保留地传授给他们，希望他们能够在自己的指导和培养下，成为优秀的理发师。

小朱的工作方式也发生了改变。有时，他会留在店里，为顾客提供个性化的建议和指导，帮助他们找到最适合自己的发型。有时，他会走出店门，参加各种艺术沙龙活动，与其他艺术家交流，不断吸收新的理念和元素，以此来丰富自己的视野和创造力。

通过这种方式，小朱不仅减轻了自己的工作压力，还成功地将自己的品牌推向了一个新的高度，成为一名受人尊敬的理发顾问。他的店铺也因此变得更加知名，吸引了更多追求高品质服务的客户。

如今，小朱已成为一名专业的理发顾问，他不仅有自己的多家门店，还与品牌理发店建立了合作关系，充当他们的职业顾问。通过对理发行业的深入了解和卓越的技艺，小朱赢得了客户和合作伙伴的信任与好评，成为该领域的权威人士之一。

物流变现

物流变现通常指的是通过物流活动实现资产或服务的价值转换，从而获得经济利益的过程。在现代商业运作中，物流变现涉及将物流资源、能力和服务有效地转化为收益的各种策略和手段。这包括但不限于运输、仓储、配送、包装、信息服务等多个环节，通过优化这些环节的管理和操作，企业能够降低成本、提高效率，进而实现利润的最大化。

冲哥说：

物流变现的核心在于对物流过程的精细化管理，以及对市场需求的准确把握。

企业可以通过提供定制化的物流解决方案，满足特定客户群体的需求，以此来实现服务的增值。同时，通过对物流数据的分析和利用，企业可以更好地预测市场趋势，优化库存管理，减少资金占用，提高资金周转率，从而实现物流资源的高效变现。

此外，随着电子商务的快速发展，物流变现也与电子商务平台紧密结合，通过快速响应消费者需求，提供即时配送、一站式服务等，来提升用户体验，增加用户黏性，从而为企业带来更多的营收机会。

比如，提供增值服务。电子商务企业在当今的市场竞争中，不断寻求创新的方式来吸引和保留顾客。其中，提供增值服务已成为一种有效的策略。物流作为电商企业的重要组成部分，通过提供一些附加的服务，不仅可以提升消费者的购物体验，还能为企业带来额外的收入。

首先，定制包装服务是电商企业可以提供给消费者的一项增值服务。这种服务允许消费者根据自己的需求或喜好，选择特定的包装材料、颜色、样式或者添加个性化的信息和设计。例如，如果顾客购买了一件礼物，可以选择礼品包装服务，不仅能使礼物看起来更加精致和特别，也能表达出送礼人的心意和关怀。

冲哥说：

就我目前看到的来讲，物流变现主要集中在电商行业。

其次，特殊配送服务也是电商企业可以提供的物流增值服务之一。这类服务包括但不限于定时配送、夜间配送、节假日配送等，以满足消费者在特定时间接收商品的需求。例如，对于工作繁忙的消费者来说，下班后的晚间配送服务将大大方便他们的生活。

通过这些增值服务，电商企业不仅能够提升消费者的满意度和忠诚度，还能够通过收取额外费用来增加自身的盈利能力。这些服务为消费者提供了更多的选择和便利，同时也为电商企业创造了差异化的竞争优势，有助于企业在激烈的市场竞争中脱颖而出。

可能会有很多朋友感到困惑，这不就是增值服务变现吗？其实两者有着本质的区别。

增值服务变现是指在产品或服务的基础上，通过提供额外的付费服务或功能，从中获取收益。这些额外的服务或功能可以提升用户体验，满足用户的个性化需求，从而增加用户的付费意愿。

物流变现是指通过物流服务的提供和运营，从中获取收益的商业模式。在电商行业中，物流变现主要是通过向消费者收取运输服务费用、附加服务费用以及提供仓储服务等方式来实现。

可以说，增值服务变现侧重于产品或服务本身的附加价值，通过提供更多的付费服务来获取收益。物流变现则侧重于物流服务的提供和运营，通过物流环节中的各种费用和服务来获取收益。

在物流行业中，企业可以通过以下方式实现物流变现：

1.运输服务费用：物流企业可以向客户收取运输服务的费用，包括货物的运输、仓储、配送等环节的费用。这是物流企业最基本的收入来源。

2.附加服务费用：物流企业可以提供一些附加服务，如包装、标签、保险等，从而向客户收取额外的费用。这些服务可以提升客户的物流体验和货物安全性，为企业带来额外的收益。

3.数据分析和信息服务：物流企业可以通过对物流数据的分析和整理，提供物流信息服务给客户或其他相关企业，从而获取费用。这些信息可以帮助客户做出更好的物流决策，提高效率和降低成本。

4.广告和合作推广：物流企业可以通过与其他企业进行广告合作或推广合作，向其提供物流场景下的广告展示或推广服务，从中获得广告费用或合作收益。

5.数据资产变现：物流企业可以将自身积累的物流数据资产进行整合和分析，将其转化为有价值的商业产品或服务，向相关企业出售或授权使用，从中获取收益。

冲哥说：

别人成功的经验，我们要学会运用，运用不是照搬，而是取其精髓。

亚马逊，作为全球电子商务领域的巨头之一，其物流网络的效率和准确性对于保持顾客持续的满意度以及公司的整体盈利能力发挥着至关重要的作用。在这个以速度和可靠性为竞争要素的市场中，亚马逊通过精心策划和实施的一系列物流策略，确保了其在市场上的领导地位。

首先，亚马逊建立了一个庞大的仓储系统，这个系统遍布全球，包括大型的配送中心和先进的分拣设施。

这些仓储设施的布局，使得亚马逊能够在地理上更接近顾客，从而缩短了配送时间，提高了配送效率。智能化的库存管理系统则确保了商品的存储和移动能够以最优化的方式进行，减少了人为错误，提高了处理订单的速度和准确性。

亚马逊的配送网络同样高效，公司投资了大量资源来构建和维护这一网络。无论是通过自有的运输车队，还是与第三方物流公司的合作，亚马逊都能够确保商品快速、准确地送达消费者手中。这种对配送速度和质量的双重承诺，不仅提升了顾客体验，也加强了品牌的信誉。

为了进一步提升物流效率，亚马逊还开发了先进的预测算法。这些算法能够分析历史数据和市场趋势，预测未来的需求变化，从而帮助亚马逊优化库存水平。通过这种方式，亚马逊能够降低库存过剩的风险，同时避免缺货的情况，确保产品能够及时送达消费者手中，以满足他们的需求。

除了服务于自身的零售业务，亚马逊还利用其在物流领域的优势，为第三方卖家提供了一系列服务。通过亚马逊物流

（Fulfillment by Amazon，FBA）服务，卖家可以将商品存储在亚马逊的仓库中，由亚马逊负责商品的打包和配送。这项服务不仅为亚马逊带来了额外的收入，也为卖家提供了极大的便利，使他们能够专注于产品销售和市场推广，而不必担心物流和配送的问题。

第
五
章

让技术为变现赋能

技术变现

随着经济的蓬勃发展和科技的飞速进步，我们见证了一个显著的趋势：越来越多的传统企业正在经历着一场深刻的转型。这些企业不再满足于传统的经营模式和生产方式，而是在积极地拥抱科技创新，以期在未来的市场竞争中占据有利地位。他们通过引入先进的技术，改造生产流程，优化管理方式，提升产品和服务的质量，从而逐渐演变为以科技为核心的新型企业。

这种转型不仅体现在企业内部管理和运营的改善上，也反映在他们对外部市场的适应性上。科技企业的兴起，使得市场竞争更加激烈，同时也带来了新的商机。这些企业利用最新的科技成果，如人工智能、大数据分析、云计算等，提高决策的效率、创造新的商业模式、开发新的产品，满足消费者日益增长的需求。

此外，随着全球化的深入发展，科技企业之间的合作也越来越频繁，他们通过共享资源、技术和市场信息，共同推动着全球经济的发展。这种合作不仅加速了技术的革新，也为企业和消费者创造了更多的价值。

目前，越来越多的人在谈论技术变现，可当我们在谈技术变现的时候，我们究竟在谈论什么？

实际上，我们探讨的是将技术研究成果或创新转化为可盈利的产品或服务的过程。这个过程涉及多个方面，包括技术创新、市场研究、商业模式的构建以及资本运作等。技术变现不仅仅是技术人员的工作，它需要跨学科的合作，包括市场营销、商业策略、法律和财务等专业知识的结合。

技术创新是技术变现的起点，无论是在软件开发、人工智能、生物科技还是其他科技领域，创新都是推动行业发展的关键。

技术人员需要不断研究和开发新技术，以满足市场需求或解决现有问题。这些技术成果可以是全新的产品，也可以是对现有产品的改进，关键在于能够为用户提供价值。

市场研究是技术变现不可或缺的一环，了解目标市场的需求、竞争对手的情况以及潜在客户的偏好对于成功变现至关重要。市场研究可以帮助企业确定产品的定位、定价策略以及推广计划。此外，市场研究还能为企业提供关于何时何地推出产品的宝贵信息。

商业模式的构建则是将技术成果转化为盈利的核心。一个好的商业模式能够明确企业如何通过其技术创造价值，并且如何在市场中实现利润最大化。这可能涉及多种收入来源，如直接销售、订阅服务、广告收入或者授权使用费等。商业模式的设计需要考虑成本结构、收入流、客户关系以及合作伙伴关系等多个因素。

最后，资本运作是支持技术变现的重要环节。无论是通过风险投资、银行贷款还是众筹等方式，获取足够的资金对于产品研发、市场推广和扩大生产规模都是必不可少的。资本运作还包括对公司估值的考量，以及如何在保持增长的同时确保投资者的利益。

技术变现的方式多种多样，包括但不限于：

1. 许可与转让：技术拥有者可以通过授予他人使用许可或者将技术转让给他人来获得收益。这种方式通常适用于那些具有明确市场需求的技术成果。

2. 产品开发：将技术成果直接应用于产品的开发中，通过生产和销售这些产品来获得利润。这是最直接的技术变现方式，常见于制造业和高科技行业。

3. 提供服务：利用技术优势为客户提供相关的服务，如咨询服务、技术支持、培训等，以此来实现收益。

4. 创业孵化：通过成立新公司或者加入现有企业，将技术成果商业化，推向市场。这种方式往往需要较强的市场洞察力和商业运作能力。

5. 投资与融资：通过吸引投资者或融资活动，将技术成果的潜在价值转化为现实的资金支持，为进一步的研发和市场推广提供动力。

6. 合作与联盟：与其他企业或研究机构建立合作关系，共同开发市场，分享技术成果带来的经济效益。

因此，技术变现是一个复杂的过程，它涉及知识产权保护、市场分析、商业模式构建、风险管理等多个方面。成功的技术变现需要技术拥有者具备一定的市场敏感性和商业运作能力，同时也需要良好的法律和金融环境作为支撑。

学员实操案例

小黄曾经是"大厂"的一名程序员，虽然收入不错，但在一线城市还是有些紧张。

2023 年被誉为人工智能的元年，其实早在几年前，小黄就开始对人工智能行业产生了浓厚的兴趣，并决定进军这个领域。他深知自己的技能还有待提升，因此，他在上班之余还会在家学习。一有闲暇，他就会通过观看视频，不断积累知识和技能。

小黄对于编程语言的掌握非常全面。他不仅精通主流的编程语言，如 Python 和 Java，还掌握了一些较为冷门的编程语言，如 Rust 和 Go。他认为，掌握多种编程语言能够为他提供更多的选择，使他在人工智能领域具备更强的竞争力。

除了编程语言，小黄还深入研究了机器学习和深度学习等相关技术。他通过阅读论文、参加线上课程以及实践项目，不断提升自己在人工智能领域的专业能力。不久，小黄就创办了属于自己的科技公司，专注于开发和应用人工智能技术。这个公司致力于推动人工智能的发展，并为客户提供创新的解决方案。通过不断的研究和发展，小黄的公司逐渐崭露头角，吸引了大量的投资和合作伙伴的关注。

随着公司的不断壮大，小黄意识到是时候将公司上市，以进一步扩大影响力和获得更多的资源支持。因此，他们开始筹备 IPO（首次公开募股）。这个阶段对于一家公司来说，意味着向公众投资者出售股票，并在证券交易所上市交易。这不仅为公司提供了更多的资金，还增加了公司的知名度和声誉。

小黄的科技公司在 IPO 阶段取得了巨大的成功，这一成功不仅仅体现在公司的市值上，更体现在他对人工智能技术的深入理解和应用能力的提升上。他通过自己的努力和智慧，将技术转化为商业价值，实现了个人和公司的双赢。

行业赋能变现

行业赋能变现是一种战略性的商业实践，它通过为特定行业提供技术、资源、平台等多维度的支持，旨在帮助行业内的企业实现商业目标和盈利。在当今这个竞争日益激烈的商业环境中，行业赋能变现已经成为许多企业追求的重要目标之一。

行业赋能的核心在于深入理解特定行业的需求和痛点，然后为该行业提供有针对性的解决方案和服务。这不仅可以帮助企业获得更多的机会和资源，还可以有效提升企业的竞争力，从而在商业上取得更好的成绩。通过行业赋能，企业与服务提供商之间可以实现双赢，共同推动行业的发展和创新。

在实际操作中，行业赋能变现可以通过多种方式实现。首先，企业可以通过建立赋能平台，为行业内的企业提供技术支持和资源整合的服务。这样的平台可以帮助企业提升生产效率和服务质量，从而实现盈利增长。其次，数据赋能是另一种有效的手段。通过数据分析，企业可以更好地了解市场需求和客户行为，从而制定出更为精准的营销策略和产品定位，以实现盈利的最大化。此外，人才赋能也是不可或缺的一环。通过培养行业内的人才，企业不仅可以提升整个行业的专业水平和竞争力，还可以推动行业的持续发展和变革。

行业赋能变现的重要性不仅仅体现在帮助企业实现盈利增长上，更在于促进整个行业的健康发展和持续创新。在市场变化和竞争压力面前，企业可以通过行业赋能来提升自身的核心竞争力，实现可持续发展。因此，行业赋能变现不仅是当前许多企业探索的重要路径之一，更是推动行业发展和创新的关键动力。

要有效进行行业赋能变现，可以考虑以下几个步骤：

1.明确资源：需要明确自己拥有的资源，包括技能、知识、人脉、资金等。了解自己的资源优势和独特之处，以及如何将其转化为经济价值。

2.寻找合作伙伴：寻找与自己资源互补的合作伙伴，可以是个人、企业或组织。通过合作伙伴的资源整合，可以实现资源和优势互补，提高变现效果。

3.创造价值：通过整合资源，创造出有价值的产品、服务或解决方案，确保所提供的产品或服务能够满足市场需求，并具有竞争力。

4.市场推广：进行有效的市场推广，将自己的产品或服务推向目标受众。利用各种渠道和平台，包括社交媒体、线上线下广告等，提高知名度和曝光度。

5.持续创新：不断进行创新和改进，保持竞争力和持续增长。关注市场变化和用户需求，及时调整和优化自己的资源整合策略。

学员实操案例

随着消费者购物习惯的改变，短视频带货以及直播电商成了新兴的销售渠道，也为创业者带来了全新的发展机遇。

在这个变革的浪潮中，江西财神学员智强的多频道网络（MCN）机构崭露头角，凭借敏锐的商业嗅觉和多年电商经验，他用 5 年时间，就把公司经营成一家拥有 42 个 24 小时不间断直播间，抖音 1.2 亿粉丝，一年销售额 6 个多亿的中型企业。

近两年来，他发现身边的同行在不断增加，流量的成本也不断增高，于是，他来到了课堂找我咨询，如何在模式上实现转型升级？

通过一番交流，我帮智强梳理了他公司的优势，有丰富的电商经验以及完善的家居行业供应链平台。现在只要打开抖音平台，想购买家居产品，大概率会看到智强公司的直播间或者产品。

我给智强的建议是，接下来真正的焦点不能只放在 C 端，接下来的大机会是服务 B 端客户，也就是想从事电商行业的创业者。而且，作为一个行业内的领军企业，智强的 MCN 有责任和义务站出来为这些创业者提供赋能，让他们少犯错误，帮助他们创业成功。同时，通过赋能其他创业者，智强的 MCN 也可以进一步拓展自己的业务板块，实现共赢。

智强的 MCN 拥有 42 个成熟的直播间和一条完整的供应链体系。智强将这些资源进行了有效的整合，打造了一个集短视频带货培训、直播间挂靠、供应链服务于一体的赋能平台。只要想进入电商行业的创业者都可以将自己的直播间挂靠到智强的 MCN 旗下，享受专业的带货培训和供应链服务。

为了帮助到更多的创业者，智强制定了远低于同行的利益分配机制，凡是经过智强培训赋能的商家，都可以挂靠在智强的 MCN 机构下面，机构提供完整的培训辅导，并手把手教会创业者通过电商销售产品，最重要的是智强的 MCN 机构只收取 20% 的利润作为佣金。

在智强的影响下，几个月时间，智强的 MCN 的赋能平台迅速吸引了众多创业者的加入。随着业务的不断拓展，直播间数量也从最初的 42 个增长到了上百个。这期间，打造了几十个百万级别 IP，形成了双赢的局面。

中介变现

中介变现是一种经济活动，其中的中介机构作为中间人，帮助不同的参与者将他们的资源转化为经济利益。在这个过程中，中介机构扮演着至关重要的角色，他们不仅负责协调各方面的利益，还要撮合交易双方，推动交易的顺利完成。

具体来说，中介机构通过其专业的服务，为资源的拥有者寻找潜在的买家或者合作伙伴。这些资源可以是多种多样的，包括房地产、金融产品、知识产权、广告流量等。中介机构通常会提供一系列的服务，包括但不限于市场分析、推广宣传、交易谈判协助等，以确保资源拥有者能够找到最合适的交易对象。

通过中介机构的努力，资源拥有者可以更加高效地将其资源变现，实现资源的价值最大化。同时，需求方也能够通过中介机构找到满足其需求的资源，使得资源的配置更加合理和高效。中介机构在这个过程中起到了桥梁的作用，连接了资源拥有者和需求方，促进了资源的流通和优化配置。

对于中介机构而言，他们的经济利益通常来自交易的佣金或者服务费。这种基于交易结果的收益模式激励中介机构提供更高质量的服务，以确保交易的顺利进行。

冲哥说：

一个地区经济越发达，它相应配备的中介就越多。

中介变现的方式多种多样，涉及房地产、金融服务、在线市场、广告、旅游、教育等众多领域。例如，在房地产领域，中介公司通过帮助卖家出售房产和帮助买家找到合适的物业，收取一定比例的佣金作为收入。在金融服务领域，经纪人或顾问可能会为客户提供投资建议，帮助他们买卖股票、债券或其他金融产品，并从中获得交易费用或咨询费。

在数字经济时代，中介变现的概念也被广泛应用于在线平台业务。例如，电子商务平台通过提供在线市场，让卖家和买家进行交易，平台则通过收取交易费用、广告费或订阅费等方式盈利。同样，共享经济平台如优步（Uber）或爱彼迎（Airbnb）也是通过连接服务提供者和消费者，从中抽取一定比例的费用来实现变现。

其中，关于二手房的中介变现则是当下最普遍的一个现象。

中介二手房变现是指通过房地产中介机构，将个人或家庭拥有的房产出售或出租，从而将其转化为现金或其他流动性资产的过程。在房地产市场中，二手房变现是一种常见的资产流动方式，它涉及房产的评估、上市、推广、谈判以及交易等一系列环节。

冲哥说：

中介越多，其中的变现机会也就越多。

具体来说，当房产所有者决定将其拥有的房产进行变现时，他们通常会联系专业的房地产中介机构。这些中介机构会根据当前的市场情况和房产的具体条件，如位置、面积、装修状况等因素，对房产进行估价；确定一个合理的市场价格后，中介机构会帮助房主将房产上市，通过各种渠道进行推广，吸引潜在的买家或租客。

在推广过程中，中介机构可能会提供房产的照片、户型图、详细信息描述等，以便让潜在买家或租客对房产有一个全面的了解。同时，中介机构还会安排看房活动，让有兴趣的买家或租客实地查看房产的状况。

一旦有买家或租客表达了购买或租赁的意向，中介机构将代表房主与对方进行谈判，就价格、交易条件、付款方式等进行协商。在双方达成一致后，中介机构会协助办理相关的交易手续，包括签订买卖或租赁合同，确保交易的合法性和安全性。

通过中介机构的专业服务，房主可以相对便捷地将其房产变现，而买家或租客也能找到符合其需求的房产。因此，中介二手房变现是房地产市场中一个重要的环节，对于促进市场的流通和稳定发展起到了关键作用。

中介变现在不同行业中有许多应用案例：

1. 房地产行业：房地产中介机构作为中间人，帮助房屋所有者将房产进行销售和租赁，从中获得佣金或服务费用。

2. 金融行业：金融中介机构如银行、证券公司等，通过提供金融产品和服务，帮助客户实现资金的变现和投资增值。

3. 广告行业：广告代理公司作为中介，帮助广告主将广告资源进行变现，通过广告投放和推广获取广告费用。

4. 电商行业：电商平台作为中介，连接卖家和买家，帮助卖家将商品进行销售，从中获取交易佣金或服务费用。

5. 人力资源行业：人力资源中介机构帮助企业招聘和筛选人才，从中获取招聘费用或人才推荐费用。

6. 物流行业：物流中介公司帮助货主和运输公司进行货物运

输的协调和安排，从中获取物流服务费用。

7. 知识产权行业：知识产权中介机构帮助知识产权所有者进行知识产权的交易和授权，从中获取知识产权转让费用或使用费用。

8. 旅游行业：旅游中介机构帮助旅游者进行旅游产品的选择和预订，从中获取旅游服务费用。

学员实操案例

我的一名学员是××地产公司的管理人员，他曾经跟我分享了一个案例。

在快节奏、充满喧嚣的都市生活中，张先生的生活突然迎来了一个转折点。由于公司的工作调动，他不得不面对一个紧迫的任务——在短时间内出售自己位于繁华市中心的一套两居室公寓。这套公寓不仅地理位置优越，而且周边配套设施齐全，无疑是市场上的抢手货。

然而，张先生的日常工作繁忙，加之他对房地产市场的了解并不深入，这使得他难以亲自处理这一系列的销售事宜。在这样的情况下，他意识到，要确保公寓能够快速且顺利地售出，同时还能获得一个合理的价格，他需要专业人士的帮助。

张先生选择了一家名为××地产公司的中介机构，也就是找到了我的学员。这家公司不仅在当地享有盛誉，而且因其高效率的服务和覆盖广泛的客户网络而备受推崇。对于张先生而言，选择××地产公司，也就意味着他的房产将有机会接触到更多的潜在买家，从而增加成交的可能性。

在与张先生签约后，××地产公司迅速展开了行动。他们的第一步是派遣专业的评估团队对张先生的公寓进行了全面的市场价值评估。这一评估过程非常关键，因为它直接关系到房产的定价策略，确保张先生的公寓能够以既公平又具有竞争力的价格出现在市场中。

评估完成后，××地产公司利用其丰富的营销资源，开始了一系列精心策划的推广活动。他们首先在各大在线平台上发布了精心设计的广告，这些广告不仅包含公寓的详细信息，还突出了其独特的卖点，以吸引潜在买家的目光。同时，他们还利用社交媒体的强大影响力，通过各种社交平台进行推广，确保信息能够迅速传播到目标客户群中。

除了线上推广，××地产公司还组织了一系列线下看房活动。这些活动为潜在买家提供了亲自查公寓的机会，让他们能够更直观地感受公寓的环境和氛围。通过这些看房活动，张先生的公寓很快吸引了一批有意向的买家，他们对公寓的位置、布局和装修都表示出了浓厚的兴趣。

为了提升公寓的吸引力，中介公司不遗余力地提供了一系列增值服务。这些服务旨在为房产所有者提供全方位的支持，以确保他们的房产能够在市场上脱颖而出，吸引潜在买家的关注。

首先，中介公司为张先生提供了专业的房屋翻新建议。这就意味着，中介机构的专业团队将对公寓进行详细的评估，根据市场趋势和买家偏好，提出针对性的翻新方案。这可能包括更新室内外装修、改善照明条件、优化空间布局等，以提高公寓的整体美观度和实用性，从而吸引更多潜在买家的目光。

其次，家居布置优化也是中介公司提供的一项重要服务。中介机构的专家将根据公寓的特点和目标买家群体的喜好，为张先生提供关于家具摆放、色彩搭配、装饰品选择等方面的建议。通过精心布置，公寓将变得更加温馨、舒适，进一步增加其吸引力。

此外，中介公司还为张先生提供了法律和金融咨询服务。在房产交易过程中，涉及许多烦琐的法律手续和税务问题，这对于许多房主来说可能是一个挑战。然而，中介机构的专业团队将协助张先生处理这些事务，确保交易的合法性和顺利进行。他们可以提供有关合同条款的解释、产权转移手续的办理、税费计算等方面的专业意见，帮助张先生做出明智的决策。

在中介机构的全面协助下，张先生的公寓迅速吸引了多位潜在买家的兴趣。经过一系列的看房活动和谈判过程，最终在两周内与一位买家达成了交易协议。中介机构的专业服务确保了交易的顺利进行，避免了可能出现的延误或纠纷。

最终，张先生在短时间内以公平的价格成功出售了自己的房产。从房屋翻新建议到法律金融咨询，中介机构的专业团队为张先生提供了全程的支持和指导。

整合资源变现

整合资源变现是一种多维度的经济策略，它的核心在于通过对现有资源的深度优化和战略性重组，从而转换成能够生成经济收益的资产或者提供服务的机制。这个过程不仅仅是简单的资源调配，而是一种全面的资源管理哲学，它要求对企业内部或外部的资源进行全面的梳理和评估。

在这个过程中，首先需要对资源进行识别，这包括有形资源如资金、设备、原材料以及无形资源如品牌、技术、专利等。识别之后，对这些资源进行详细的评估，了解它们在当前市场环境下的价值和潜力。评估的结果将指导资源的管理和利用策略，确保每一份资源都能被有效地运用，避免资源的浪费。

为了确保资源能够发挥出最大的效能，企业必须采取一系列的措施来实现资源的优化配置和利用。这些措施可能包括但不限于调整现有的组织结构，以确保各个部门和团队之间的协作更加顺畅，从而消除工作中的冗余和效率低下的问题。

此外，优化生产流程也是整合资源的关键一环。通过对生产流程进行细致的分析和改进，企业可以降低成本，提高生产效率，确保产品或服务的质量。这可能涉及采用新的技术、改进工作方法或者重新设计工作流程，以适应不断变化的市场需求和技术进步。

合并业务单元是另一种有效的整合资源方式。通过将相似的业务单元合并，企业可以减少管理层级，简化决策过程，同时也能够集中资源，提高市场竞争力。这种整合方式有助于企业更好地聚焦核心业务，提升专业性和市场响应速度。

最后，建立合作伙伴关系也是整合资源的一个重要方面。通过与其他企业或组织建立合作关系，企业可以共享资源、技术和市场信息，实现互利共赢。这种合作可以是短期的项目合作，也可以是长期的战略合作，旨在通过资源共享和协同创新，共同开拓市场，提升竞争力。

管理和利用是整合资源变现的关键，它要求企业或组织制定出一套科学的管理流程和策略，通过合理的配置和优化，使得资源能够在合适的时间、地点以最佳的方式发挥作用。这可能涉及资源的重新分配、流程的优化、技术的升级、市场的拓展等多个方面。

最终，整合资源变现的目标是实现资源的最大化利用和价值提升。这就意味着，通过精心的规划和管理，不仅能够提高资源的使用效率，还能够通过创新和改进，增加资源的附加价值，从而为企业或组织带来更高的经济效益。这一过程是一个动态的循环，随着市场环境的变化和企业战略的调整，整合资源变现的策略也需要不断地更新和优化。

在个人层面上，整合资源变现是指个人利用自身的技能、知识和人脉等资源，通过提供服务、创作内容或开展业务来获得经济收益。例如，一个自由职业者可以整合自己的技术能力和专业知识，通过接受项目委托或提供咨询服务来赚取收入。

在企业层面上，整合资源变现指企业整合不同的资源，如人力资源、技术资源、市场资源等，通过开展合作、提供产品或服务来实现商业价值。例如，一家电商平台可以整合供应链资源、物流资源和用户资源，通过销售商品来实现盈利。

在品牌层面上，整合资源变现指品牌整合不同的资源，如知名度、影响力、用户群体等，通过品牌授权、品牌推广或品牌合作来实现商业价值。例如，一位知名博主可以整合自己的影响力和粉丝资源，通过与品牌合作推广产品来获取收益。

总而言之，整合资源变现不仅是一种商业策略，也是一种创新的思维方式。企业和个人从现有资源出发，通过创造性的思维和行动，从而实现资源的增值和财富的创造。这种变现方式在当今竞争激烈的市场环境中显得尤为重要，因为它能够帮助组织或个人在有限的资源条件下，实现持续的成长和发展。

案例一：跨界合作模式

在我的职业生涯中，有幸指导过两位杰出的企业家——赵总和陆总。他们各自在商业领域取得了显著的成就，赵总经营着一家备受欢迎的咖啡连锁品牌，而陆总则是一家时尚前沿的服饰品牌的掌门人。这两个品牌虽然分属不同的行业，但都在市场上享有盛誉。

在一个偶然的机会，两位总在一次行业会议上相遇。他们发现，尽管从事的是不同的行业，但都有着对品质和创新的共同追求。这种共鸣促使他们萌生了跨界合作的想法，他们决定将各自的品牌优势结合起来，共同开发一系列融合了咖啡文化元素的服装产品。

这项合作的独特之处在于，咖啡品牌利用其在消费者心中建立起来的强烈品牌影响力，以及庞大的忠实顾客群体，为这一系列新产品提供了坚实的市场基础。而服饰品牌则发挥了其在设计领域的专长，以及成熟的生产和分销渠道，确保了产品的时尚感和高品质。

通过这种创新的合作模式，两家品牌不仅实现了资源共享，还相互借力，使得合作推出的服装系列迅速获得了市场的认可。这种跨界合作不仅显著提升了双方的销售额，更重要的是，增强了品牌的市场竞争力，提升了品牌知名度，同时也加深了消费者对品牌的忠诚度。

这次合作是一次双赢，它不仅展示了赵总和陆总卓越的商业智慧，也证明了跨界合作的巨大潜力。他们的成功为其他企业提供了一个宝贵的案例，展示了如何通过跨界合作创造出新的市场机会，实现品牌价值的最大化。

案例二：平台化经营

吴总创办了一家具有创新理念的互联网公司。这家公司的核心业务是运营一个在线服务平台，该平台的设计宗旨在于解决传统服务市场中存在的信息不对称和服务分散的问题。

在这个平台上，吴总精心打造了一个数字化的市场空间，将那些独立作业的服务提供者，比如私人家教、专业健身教练、经验丰富的家政服务员等，与那些急需这些服务的消费者有效地连接起来。通过这个在线平台，服务提供者得以在网络的广阔天地中展示自己的专业技能和服务项目，同时也能够利用平台提供的营销工具来推广自己，吸引更多的潜在客户。

对于用户而言，这个平台就像一个便捷的服务超市，他们可以轻松地浏览、比较和选择各种服务提供者，从而享受到更加高效和个性化的服务体验。平台的智能匹配系统还能根据用户的需求和偏好，推荐最合适的服务选项，极大地节省了用户的时间和精力。

吴总的公司通过这种创新的商业模式，不仅整合了原本零散的服务资源，还激活了服务市场的活力，促进了资源的优化配置。更重要的是，这个平台为服务提供者和用户之间搭建起了一座沟通的桥梁，使得双方能够实现快速、直接的对接，从而提高了整个服务行业的效率和质量。

案例三：内容营销策略

张总作为一位精明的企业领导者，管理着一家颇具规模的媒体公司。在我向他提出的建议中，强调了内容营销在当前市场中的重要性。为了充分挖掘这一潜力，张总决定采取一种全新的策略，这一策略涉及对公司内部的内容创作团队进行优化整合，并与外部的社交媒体渠道建立紧密的合作关系。

在这一策略的指导下，公司开展了一系列精心策划的内容营销活动。这些活动并非随意推出，而是经过深入研究目标市场和受众群体后有针对性地设计出来的。内容创作团队发挥其创意和技术优势，制作出了一批高质量的原创文章和视频内容。这些内容不仅信息丰富，而且形式新颖，能够迅速吸引目标受众的注意力。

除了发布吸引人的内容，公司还通过组织各种互动活动，如在线问答、话题讨论等，进一步激发受众的参与热情。这些活动不仅增强了受众与品牌之间的互动，也有效地提升了受众的忠诚度。

随着目标受众群体的不断壮大，公司开始探索多种方式将这些受众的注意力转化为实际的经济收益。一方面，公司通过精准的广告投放，为合作伙伴提供了高效的广告服务，从而获得了可观的广告收入。另一方面，公司也尝试了内容赞助合作，与一些品牌和企业建立了合作关系，通过内容植入的方式，为赞助商提供了展示其产品和服务的机会。

此外，针对那些对内容有更高需求的受众，公司还推出了内容付费服务。通过设置会员制度或者单独销售某些特别内容，公司成功地将一部分受众的消费需求转化为直接的收入。

套餐变现

套餐变现作为一种商业策略，目前已经在全球范围内被广泛采用，并且渗透进了各个行业。这种模式的核心在于将多个产品或服务组合成一个综合的套餐，以优惠的价格提供给消费者。通过这种方式，商家不仅能够实现产品或服务的价值转化，还能够有效地提高利润空间。

在套餐变现的商业模式中，消费者享受到的是一站式购物的便利。他们可以一次性购买到多种相互关联的产品或服务，这不仅节省了时间，还往往能够享受到比单独购买某项产品或服务更加优惠的价格。对于消费者而言，这种打包购买的方式增加了购买的价值感，因为他们感觉自己得到了更多的东西，而付出的代价却相对较少。

对于商家来说，套餐变现的模式提供了一种提前锁定销售收入的途径。通过创建吸引人的套餐，商家能够在较短的时间内促进销售，加快资金流转，这对于现金流管理尤为重要。此外，套餐销售还能够作为一种促销手段，在吸引新顾客的同时，也增强了现有顾客的忠诚度。当顾客对一个套餐中的某个产品或服务感到满意时，他们更有可能对套餐中的其他项目产生兴趣，从而提高整体的购买欲望和满意度。

套餐变现的优势在于它能够为顾客提供更加丰富和多样化的选择，同时也能够为商家带来更高的销售额和更好的市场竞争力。通过精心设计的套餐组合，商家可以有效地增加产品的附加值，提升顾客的购买体验，从而促进顾客的消费决策，加速交易的完成。

在实际操作中，套餐变现可以应用于各种行业和领域，比如在餐饮业中，经常可以看到各式各样的套餐优惠，这些套餐通过组合不同的菜品或饮品，以较低的价格提供给顾客，不仅丰富了顾客的用餐选择，也有效提升了餐厅的营业额和顾客满意度。

同样，在旅游行业中，旅游套餐成为吸引游客的重要手段。通过打包机票、酒店住宿、景点门票等服务，旅行社能够为游客提供更为便捷和经济的旅行方案，同时也为自己赢得了更多的客户资源，增强了市场竞争力。

电信行业也不例外，通信套餐通过整合通话时长、数据流量、短信服务等多种通信需求，为消费者提供了一站式的解决方案。这种套餐化的服务不仅方便了用户的日常使用，也为电信运营商带来了稳定的收入，同时增强了用户的黏性，促进了长期合作关系的建立。

无论是线上还是线下，套餐变现都显示出其独特的魅力。线上商家通过推出各种电子套餐券或者会员专享套餐，利用数字化的便捷性，吸引了大量的网络用户，提升了品牌的在线可见度和用户参与度。线下实体店则通过现场推广套餐优惠，结合节日促销、限时活动等策略，增加了门店的客流量，提高了顾客的复购率。

学员实操案例

在众多学员中，有一部分人有餐饮行业的背景，他们或是餐馆的老板，或是餐饮企业的管理者。这些学员来自不同的地区，拥有各自独特的故事和经历，但他们都有一个共同的目标，那就是提升自己的业务能力，以更好地经营自己的餐厅。

在这些学员中，有一位特别引人注目的女性，我们习惯称呼她为丽总。丽总是一位非常优秀的女性，她的职场经历非常丰富，早年曾在金融行业工作，积累了丰富的经验和专业知识。后来，她选择回到自己的家乡，开了一家餐馆。

丽总的餐馆开业后，生意一度非常火爆，单点的菜品受到了顾客的一致好评，餐馆的名声也在当地迅速传播开来。然而，丽总在对餐馆的经营数据进行分析时，发现了一个问题，那就是尽管单点菜品受到顾客的欢迎，但顾客的平均消费额并不高。

为了提高顾客的消费额，增加餐厅的整体营业额，我向丽总提出了一个建议：推出"家庭套餐"。我认为，家庭套餐不仅可以满足一家人的用餐需求，还可以通过组合销售，提高顾客的消费额。同时，家庭套餐的推出，也可以吸引更多的家庭客户，进一步扩大餐馆的客源。

1.套餐设计：这些套餐不仅仅是简单的菜品组合，而是为了确保每一位家庭成员都能在餐桌上找到自己喜爱的味道。套餐中包含了餐厅的特色招牌菜，这些招牌菜是餐厅的镇店之宝，凭借其独特的风味和卓越的口感赢得了顾客的一致好评。

除此之外，这些套餐还特别推荐了一些新品菜肴，让顾客有机会品尝到餐厅的最新创意和厨艺。新品推荐旨在为顾客提供新鲜感，同时也是餐厅不断创新和追求卓越的体现。

为了满足不同年龄和口味偏好的家庭成员，这些套餐还巧妙地融入了一些受欢迎的小吃或甜品。无论是孩子喜爱的甜点，还是成人钟情的传统小吃，这些精心挑选的美食都能为家庭聚餐增添无限乐趣。

这些家庭套餐的设计充分考虑到了家庭成员的多样化需求，无论是对食物的营养成分、口味偏好，还是对食物的呈现方式，都有着周到的考虑。餐厅希望通过这些精心设计的套餐，让每位顾客都能在享受美食的同时，感受到家的温馨和幸福。

2.定价策略：套餐的设置通常包括餐厅的招牌菜、热销菜品以及一些小吃或饮料，这样的组合能够满足不同顾客的口味和需求。例如，一个套餐可能包括一份主菜、一份配菜和一杯饮料，其价格却低于这三样单品的总和。这种定价策略不仅让顾客感受到了实实在在的优惠，也增加了他们对餐厅的好感和忠诚度。

对于那些原本计划消费较少的顾客来说，套餐的推出往往能够激起他们的购买欲望。当顾客看到通过选择套餐能够以较低的价格享受到更多的食物时，他们往往会被这种高性价比所吸引，从而改变原本的消费计划，选择购买套餐而非单点菜品。这不仅增加了顾客的满意度，也为餐厅带来了更高的营业额。

此外，套餐的推广还能够有效地提高餐厅的知名度和口碑。当顾客享受到了套餐带来的实惠后，他们很可能会通过口口相传或社交媒体分享自己的用餐体验，这样的正面评价能够吸引更多的潜在顾客前来光顾。

3.营销推广：餐厅为了吸引更多顾客，采取了多元化的营销策略，其中包括社交媒体推广、本地广告以及店内宣传活动，以此来增加家庭套餐的知名度和销量。社交媒体作为一种高效的传播途径，餐厅特别注重在平台上发布精美的图片，这些图片不仅展示了套餐的诱人外观，还通过色彩搭配和摆盘艺术，激发人们的食欲。此外，餐厅鼓励满意的顾客在社交媒体上分享自己的用餐体验和评价，这些真实的反馈能够极大地提升餐厅的信誉度，吸引那些在寻找可靠餐饮的潜在顾客。

同时，餐厅也在本地社区投放广告，比如在当地报纸、杂志、电台或者社区公告板上刊登广告，以及分发传单或优惠券，这些都是有效的宣传手段，能够让居住在附近的居民了解到餐厅推出的家庭套餐。通过这些本地化的广告活动，餐厅能够更直接地接触到潜在的家庭顾客群体。

在店内，餐厅也不遗余力地进行宣传。通过悬挂横幅、摆放菜单展示板、设置特色餐桌摆设等方式，营造出一种温馨的家庭用餐氛围，让进店的顾客一眼就能注意到家庭套餐的相关信息。服务员也会主动向顾客推荐这些套餐，介绍其特色和优惠，以增加顾客的兴趣和购买意愿。

4.顾客体验：为了确保每位顾客在餐厅用餐时能够获得满意的体验，丽总对服务质量和用餐体验给予了极高的重视。丽总深知，愉快的用餐体验不仅取决于食物的品质，更在于服务的细节和整体的环境氛围。

在这个理念的指导下，餐厅的服务团队接受了专业的培训，确保以专业、热情的态度为顾客提供服务。当顾客入座后，服务员会主动向他们详细介绍套餐的内容，包括每道菜的特色、食材来源、烹饪方法等，帮助顾客全面了解他们即将享用的美食。

此外，餐厅非常注重顾客的个性化需求。如果顾客有任何特殊的饮食要求，比如食物过敏、偏好无辣或者素食主义者等，服务员都会耐心倾听，并尽可能地将这些要求反馈给厨房，以便厨师能够根据顾客的需求进行适当的调整，确保每位顾客都能享受到符合自己口味的美食。

餐厅还特别注重营造温馨舒适的用餐环境，无论是餐具的摆放、餐桌的布置，还是背景音乐的选择，都经过精心的设计，旨在为顾客提供放松愉悦的用餐氛围。

通过这些细致入微的服务，餐厅不断提升顾客的满意度，赢得了顾客的广泛好评，也使得餐厅在激烈的市场竞争中脱颖而出，成为众多食客心中的首选之地。

在经过一段时间的精心策划和推广之后，丽总欣喜地发现，他们推出的家庭套餐受到了顾客的广泛欢迎。这一策略不仅成功地吸引了家庭消费者，而且显著提高了顾客的平均消费额。

此外，餐厅也注意到了一个积极的变化，那就是回头客的数量有了明显的增加。顾客对于家庭套餐的满意反馈，通过口口相传，吸引了新顾客的到来，同时也鼓励了老顾客的再次光临。这种正面的连锁反应，为餐厅带来了稳定的客流和收入增长。

除了提升顾客满意度和增加销售额之外，家庭套餐的推出还带来了另一个意想不到的好处。通过对套餐的销售数据分析，餐厅能够更加精准地预测顾客需求，从而更有效地管理库存。这种精细化的管理减少了过量采购，降低了食材过剩的风险，进而大大减少了食物浪费。这不仅有助于餐厅节约成本，也体现了餐厅对环境保护的责任感，提升了餐厅的社会形象。

补贴变现

补贴变现是一种在商业策略中常见的做法，它通过向用户或其他市场参与者提供经济激励来吸引他们，以此来增加企业的用户基数或市场份额。这种策略的核心在于，企业愿意承担一定的前期成本，以期在长远中获得更大的收益。

在实施补贴变现策略时，企业可能会采用多种形式的补贴，如折扣、优惠券、现金返还等，这些措施都是为了刺激用户的购买欲望，促使他们选择自家的产品或服务。例如，一家新兴的电子商务平台可能会提供购物优惠券或免费送货服务，吸引消费者从竞争对手那里转移过来。

补贴变现的成功关键在于平衡好补贴成本和长期收益。企业需要精心规划补贴策略，确保投入的资源能够带来足够的流量和用户增长，从而在未来实现可持续的盈利。此外，企业还需监控市场反应，不断调整补贴策略，以适应市场变化和消费者需求。

冲哥说：

眼光放长远，才能制胜未来。

补贴变现在各个行业和领域都得到了广泛的运用，其核心目的在于通过经济激励来促进产品的销售和服务的采纳。在电子商务领域，这种做法尤为常见。许多电商平台会定期推出各种补贴促销活动，比如折扣券、满减优惠、限时特价等，以吸引消费者的注意力，刺激他们的购买欲望。这些活动往往能够在短时间内显著提升平台的用户流量和商品销量，同时也有助于积累用户数据，为平台的长期发展提供支持。

在在线教育领域，补贴变现同样是一种常见的策略。在线教育平台可能会提供免费试听课程、减免学费、赠送学习资料等优惠措施，以吸引学生和家长的关注，鼓励他们注册并参与课程学习。这种策略不仅能够帮助平台扩大用户基础，还能够通过口碑传播提升品牌影响力，从而在竞争激烈的市场中获得更大的份额。

补贴变现的优势显而易见，它可以帮助企业快速吸引用户，增加销售量，提升品牌知名度，扩大市场份额。然而，企业在采用补贴变现策略时也必须面对一些潜在的风险和挑战。长期依赖补贴可能会导致企业盈利模式的单一化，一旦补贴停止，用户就会流失，销量也会受到影响。此外，过度的补贴可能会引发市场恶性竞争，导致整个行业的利润率下降，甚至出现价格战，影响行业的健康发展。

冲哥说：

补贴变现的精髓在于，现在的补贴是未来的长久利润。

补贴变现时需要注意什么：

合规性检查：首先，确保你的补贴变现过程符合所有相关的法律法规和政策要求。这包括了解任何可能的税务影响和报告义务。

资金用途：审查补贴资金的具体用途限制。许多补贴都有特定的目的，比如用于教育、医疗或住房改善，因此必须按照既定目标使用这些资金。

时间限制：注意补贴资金的使用期限。有些补贴有截止日期，需要在规定时间内使用，否则可能会失去未使用的资金。

财务记录：保持良好的财务记录，详细记录补贴资金的收入、支出和余额。这将有助于在审计或检查时保证必要的财务透明度。

资金管理：制订有效的资金管理计划，确保补贴资金被有效地用于预定目的，避免浪费或不当使用。

微视平台，作为一个视频内容的创作和分享平台，为了激励创作者生产更多高质量的视频内容，采取了以有效播放量为基础的补贴政策。这一政策的核心在于，根据视频的有效播放量，为不同的创作达人提供差异化的补贴激励。

在微视的补贴体系中，创作者被分为不同的等级，每个等级对应不同的补贴标准。例如，S 级创作者每发布一条视频，可以获得高达 1500 元的补贴；A 级创作者则可以获得 500 元；而 B 级创作者每条视频的补贴是 140 元。这些补贴按月发放，为创作者提供了稳定的收入。

微视的补贴总额高达数十亿元，这显示了平台对于优质内容的高度重视和大力支持。通过这种经济激励，微视希望能够吸引更多的优质创作者加入，从而提升平台内容的整体质量，增加用户的数量和黏性。

此外，微视还根据视频内容的不同品类，进行分成策略的调整。这意味着平台会根据市场反馈和用户需求，不断优化内容结构，确保创作者的努力能够获得合理的回报，同时也保证了平台内容的多样性和竞争力。

通过这样的补贴制度，微视不仅鼓励创作者制作更多优质的视频内容，也为他们提供了一个稳定且有吸引力的创作环境。这种策略有助于提高创作者的积极性，进而提升平台的用户活跃度和黏性，形成一个良性的内容生态系统。

再比如，在中国的快餐外卖和打车服务市场上，美团、饿了么以及滴滴和快的等公司采取了大胆而激进的补贴策略，以此来争夺市场份额并吸引庞大的客户群体。这些企业通过实施一系列大规模的补贴措施，成功地吸引了大量的消费者和合作伙伴。

在外卖服务领域，美团和饿了么展开了激烈的市场竞争。它们推出了各种各样的促销活动，如针对夜宵时段的特殊优惠包、下午茶时间的折扣套餐，以及通用的折扣红包等，这些活动不仅刺激了用户的消费欲望，还促进了用户的积极参与。这种补贴策略的设计非常巧妙，它不仅吸引了原本不怎么使用外卖服务的用户，还使用户为了囤积优惠，而购买了大量可能并不急需的物品，这种现象在一定程度上扭曲了消费者的购买行为，同时也对整个餐饮生态系统产生了一定的影响。

在打车服务领域，滴滴和快的也曾经推出过大规模的补贴措施。例如，对司机每完成一单给予一定的补贴，以及对用户每次叫车提供减免车费的优惠。这些措施旨在吸引更多的司机加入平台，以便提供更广泛的服务网络，同时也鼓励乘客更频繁地使用打车服务。通过这样的补贴策略，滴滴和快的迅速扩大其用户基础，并提高整体的用户体验。

这些补贴措施的最终目的是提升用户体验，增加用户数量，最终实现平台的变现和盈利。虽然短期内这些公司需要承担巨额的补贴成本，但长远来看，通过建立起强大的用户群体和品牌忠诚度，这些公司能够在市场上获得更加稳固的地位，并最终实现可持续的盈利。

第
六
章

无处不在的变现，
无处不在的现金流

信息变现

在当今这个快速发展的商业环境中，信息已经成了最为宝贵的资源之一。它不仅是企业运营的基础，而且在很多情况下，其重要性甚至超越了传统的资源，如资本、劳动力和原材料。信息的独特价值在于它的流动性、可访问性和转化为知识的能力，这些特性使得信息成了商业决策的关键要素。

在商业决策的过程中，准确、及时的信息可以帮助企业领导者做出更为明智的选择。例如，市场趋势的数据分析可以指导产品开发的方向，消费者行为的研究报告可以优化营销策略，竞争对手的动态监控可以提前预警潜在的市场变化。这些信息的集合和分析，为企业提供了一幅清晰的商业环境图景，使得它们能够在竞争激烈的市场中找到自己的定位，制订有效的战略计划。

在某些关键时刻，信息的作用甚至是决定性的。设想一家公司掌握了一项即将改变行业规则的技术专利信息，这样的信息可以让公司抓住先机，通过率先开发相关产品或服务，在市场上占据领先地位。又或者，一家公司通过市场调研得知了一种尚未被满足的消费者需求，这样的信息可以使公司快速调整产品线，满足市场需求，赢得消费者的忠诚度。

凡是资源，都可变现，信息作为最重要的资源之一，也不例外。

信息变现，是一种将个人或组织所持有的信息、知识、数据等无形资产转化为经济价值的过程。这一过程涉及对信息的收集、整理、分析和应用，以便创造出可以直接或间接带来收益的产品或服务。

信息变现的方式多种多样，包括但不限于出售数据报告、提供咨询服务、开发基于数据的应用程序、进行市场研究、在线广告、内容营销等。

信息变现的关键之一是识别出哪些信息具有潜在的商业价值。这需要对信息进行深入的分析和评估，同时，还需要了解目标受众的需求和偏好，以便更好地定位产品或服务，并找到最合适的变现途径。

一旦确定了具有商业价值的信息，下一步就是如何通过合适的途径将这些信息转化为实际的收益。这可能涉及与合作伙伴的合作，例如与数据分析公司合作开发数据报告，或者与媒体平台合作推广内容营销。此外，还可以考虑自主开发基于数据的应用程序，或者通过在线广告等方式直接从用户处获取收益。

信息变现的过程，还需要考虑法律法规和伦理问题。确保信息的收集和使用过程遵守相关的法律，以及尊重知识产权和个人隐私。同时，透明度和诚信也是信息成功变现的重要因素，建立信任关系可以吸引更多的用户和合作伙伴。

以电子商务平台为例，这些平台通常拥有海量的用户行为数据，包括用户的浏览历史、购买记录、搜索习惯以及评价反馈等。通过对这些数据的深入分析，电商平台能够洞察消费者的偏好和需求，进而优化其产品推荐算法，使得推荐更加个性化和精准，这不仅有助于提高用户的购物体验，增加他们的满意度，同时也能显著提升转化率，从而增加销售额和提高平台的盈利能力。

另一方面，市场研究机构作为专业分析和咨询的重要提供者，它们通过对特定行业的深入研究和分析，积累了大量的行业知识和市场趋势信息。这些机构可以将这些宝贵的信息转化为有偿的市场报告或咨询服务，为其他企业提供重要的决策支持。这些市场报告可能包含行业趋势分析、竞争对手分析、消费者行为研究以及未来市场预测等内容，帮助客户企业更好地理解市场动态，制定有效的市场策略，优化产品或服务，甚至发现新的市场机会。通过这种方式，市场研究机构不仅能够实现自身的价值，也能够助力客户企业在竞争激烈的市场中获得优势。

信息变现的成功往往依赖于对信息价值的准确把握、对市场需求的敏锐洞察以及对技术手段的有效运用。随着大数据、人工智能和云计算等技术的发展，信息变现的途径和效率也在不断提升，成为现代经济活动中不可或缺的一部分。

在信息变现中，例子将不再局限于我的学员，因为信息变现几乎涉及商业的每一个领域，如果单独讲某个具体的例子，恐怕会太琐碎。

案例一：个性化推荐系统

在线流媒体平台，如奈飞（Netflix）和声田（Spotify），已经成为现代生活中不可或缺的一部分。这些平台通过使用高度复杂的算法来分析用户的使用习惯，以便提供个性化的内容推荐。

这些推荐系统的核心是机器学习，它们能够处理大量的用户数据，并从中提取有用的信息。例如，Netflix 的推荐系统会考虑用户的观看历史、评分、搜索查询以及观看时间等因素。而 Spotify 的推荐系统则会分析用户的播放列表、歌曲选择、收听历史以及收听时间等信息。

通过对这些数据进行深入分析，流媒体平台能够了解用户的喜好和兴趣，从而为用户提供更符合其口味的内容。这种个性化的推荐不仅能够提高用户的满意度，还能够帮助用户发现新的内容，增加其在平台上的停留时间。

此外，个性化推荐系统还能够提高用户的留存率。当用户发现平台能够准确地推荐他们感兴趣的内容时，他们更有可能继续使用该平台。这不仅有助于保持现有的用户基础，还能够吸引更多的新用户加入。

更重要的是，个性化推荐系统还能够通过更精准的内容匹配来增加订阅服务的转化率。当用户觉得平台为他们提供了有价值的内容时，他们更愿意支付订阅费用。这对于流媒体平台来说是非常重要的，因为订阅是其主要的来源之一。

在这个过程中，信息变现体现为通过用户数据来优化服务，进而提升收入。通过分析和利用用户数据，流媒体平台能够更好地满足用户需求，提供更有价值的内容，从而实现更高的收益。

案例二：预测性维护

在现代工业领域，企业正逐渐采用一种先进的技术手段来提升设备管理的效率和成本效益，这就是预测性维护。预测性维护是一种基于数据驱动的维护策略，它涉及对机器设备在运行过程中产生的大量数据进行收集、分析和处理。通过对这些数据进行深入的分析，企业能够预测出设备可能出现的故障，并在问题实际发生之前采取维修措施。

这种以预测为基础的维护方法具有显著的优势。首先，它能够显著减少设备的停机时间。传统的维护方式往往是反应式的，即在设备出现故障后才进行维修，这往往会导致生产线的停滞，影响生产效率。而预测性维护则通过提前识别潜在的问题，使得维修工作可以在计划内进行，从而最小化了对生产活动的影响。

除了减少停机时间外，预测性维护还能够帮助企业降低维修成本。通过提前发现和解决设备问题，可以避免因紧急维修而产生的高额费用，同时也避免了因设备故障导致的生产损失。此外，这种方法还能够延长设备的使用寿命，因为它有助于及时发现并修复可能导致设备过早老化的问题。

例如，一家制造企业可能会在其生产线的关键机器上安装传感器，这些传感器能够实时监控机器的运行状态，包括温度、振动、压力等关键指标。这些数据随后被传输到中央数据处理中心，通过数据分析软件进行分析，以识别任何异常模式或趋势，这些都可能是未来故障的前兆。通过这种方式，企业能够在真正的故障产生前，安排维修人员进行预防性维护，从而避免了可能的生产灾难。

这种信息变现策略不仅提高了生产效率，还降低了长期运营成本。随着大数据和人工智能技术的不断进步，预测性维护正在变得越来越智能，使得企业能够更加精准地预测设备的维护需求，进一步提升了工业自动化和智能化水平。因此，预测性维护已经成为现代工业企业不可或缺的一部分，它不仅改善了设备管理，还为企业带来了可观的经济效益。

时间变现

时间，可以是客观的一分一秒，也可以是一项最重要的资源。

对于企业而言，时间不仅仅是日常运营中的一个因素，更是一个能够直接影响经济效益的概念。时间变现，即如何将时间这一资源转化为经济价值，已经成为衡量企业成功与否的一个重要标准。

在商业运营的各个方面，时间都扮演着至关重要的角色。它如同一种无形的资产，等待着企业去开发和利用。企业必须认识到，每一分每一秒都是宝贵的，都蕴含着潜在的收益。因此，企业需要通过精心的规划、管理以及明智的策略部署，来确保时间的最大化利用。

有效的时间管理不仅包括对内部流程的优化，以减少浪费和提高效率，还包括对市场机遇的快速响应，以及对未来趋势的预判和准备。企业应当建立起一套系统的时间管理框架，将时间的利用与企业的长远目标、即时需求相结合，从而在保证企业稳健发展的同时，也能够迅速适应市场的变化。

冲哥说：

时间对每个人都是公平的，但如何理解时间、把控时间，决定了人与人之间的巨大差距。对于企业来讲，亦是如此。

例如，通过对市场需求的精准分析，企业可以在适当的时机推出新产品或服务，从而抓住市场机遇，实现时间资源的最大化变现。同时，企业内部的生产流程、物流配送、客户服务等环节的优化，也是提高时间变现能力的重要途径。

时间变现的核心在于提高时间的使用效率。要实现这一目标，企业首先需要深入分析和审视其内部的业务流程。这就意味着，企业应当识别出那些可能导致时间浪费的环节，比如不必要的等待时间、冗余的步骤或者低效的工作模式。一旦这些环节被识别出来，企业就可以采取措施进行优化，以减少或消除这些时间浪费点。

优化业务流程可能包括简化工作步骤、引入自动化技术、重新设计工作流程，或者提供员工培训以提高工作效率。通过这些措施，企业可以确保每个业务环节都能够以最高效率运作，从而加快整个工作流程的速度。

当企业能够在短时间内完成更多的工作时，其生产力自然会得到提升。这不仅意味着企业能够在更短的时间内提供更多的产品或服务，还代表企业能够迅速响应市场变化，满足客户需求，从而提高客户的满意度和忠诚度。

此外，提高时间使用效率还直接关联到企业的盈利能力。在较短的时间内完成更多的工作，意味着成本的降低和效率的提升，这将直接转化为更高的利润。企业可以通过减少浪费、提高生产力和优化资源分配来实现这一点。

时间变现还涉及对市场机会的快速响应。在当今竞争激烈的商业环境中，市场状况变化莫测，机遇稍纵即逝。那些能够迅速识别市场变化并及时做出策略调整的企业，往往能够在竞争中脱颖而出，获得先发优势。

这种先发优势是企业在市场竞争中占据有利位置的关键。它意味着企业可以率先进入新市场，或者推出创新产品，从而在消费者心中树立品牌形象，积累客户基础。在很多情况下，还能够设定行业标准或定价权，这一切都有助于企业在激烈的市场竞争中保持领先地位。

然而，要做到这一点，企业必须具备几个关键要素。首先，企业需要拥有一个灵活的决策机制，这意味着决策过程不能过于僵化，管理层需要有能力根据市场的最新动态快速做出决策。其次，企业还需要具备高效的执行力，确保一旦决策制定，就能迅速付诸实践，避免错失良机。

在实际运营中，这可能涉及对内部流程的优化，确保信息流通无阻，各部门之间高效协作。同时，企业还需要培养一支能够迅速适应变化、积极主动寻找商机的团队。这样的团队能够在关键时刻迅速调整战略，把握商机，从而为企业带来持续的竞争优势。

冲哥说：

实现时间的有效变现，还需要企业层面的系统支持和科学管理。

企业可以通过培训员工来提升他们的时间管理能力。这种培训通常包括时间管理的基本原则、方法和技巧，如设定优先级、制订工作计划、避免拖延等。通过这样的培训，员工能够更加明确自己的工作目标，合理分配时间，从而提高工作效率，减少时间的浪费。

除了培训之外，企业还可以引入先进的时间管理工具和技术。例如，项目管理软件可以帮助团队更加清晰地规划项目的各个阶段，分配任务，监控进度，并及时调整计划，以应对可能出现的问题。自动化工具则可以减轻员工的重复性工作负担，让他们将更多的时间和精力投入到更有价值的工作中。

通过这些工具和技术的应用，企业能够确保项目的每个环节都得到有效的监控和管理，从而保证项目按照既定的时间表顺利推进，按时交付成果。这不仅有助于提升客户满意度，还能够增强企业的市场竞争力。

企业将时间转化为经济收益的关键在于提高效率和创造价值：

1.提高生产效率：通过优化生产流程、采用先进的生产技术和设备，企业可以在相同的时间内生产更多的产品或提供更多的服务，从而增加经济收益。

2.管理时间成本：企业可以通过合理安排员工的工作时间，避免时间的浪费和低效率的工作。例如，合理安排员工的工作任务和时间表，从而提高工作效率和经济收益。

3.创新和研发：企业可以将时间用于创新和研发，开发新产品、改进现有产品或提供新的解决方案。通过不断创新，企业可以提高市场竞争力，吸引更多的客户，从而增加经济收益。

4.建立良好的时间管理文化：企业可以培养员工良好的时间管理习惯，提高工作效率。例如，设定明确的目标和优先级，合理安排工作时间，避免拖延和时间浪费。

5.有效利用技术和工具：企业可以利用现代技术和工具来提高工作效率。例如，使用项目管理软件、自动化工具和协作平台，可以减少重复性工作和人为错误，提高工作效率和经济收益。

6.良好的供应链管理：企业可以通过优化供应链管理，减少物流时间和库存成本，提高产品的交付速度和客户满意度，从而增加经济收益。

7.培养人才和团队合作：企业可以通过培养员工的技能和知识，提高团队的协作能力和创造力。优秀的人才和团队可以更高效地利用时间，创造出更多的价值和经济收益。

时间变现是一个较为抽象的概念，几乎涉及每个行业。因此，我将不再局限于某个具体的学员进行阐述，而是针对不同行业。

1.咨询服务

专业顾问或咨询公司是专门为客户解决特定问题或优化业务流程而提供专业知识和经验的机构。他们通过深入了解客户的需求和业务情况，制定出针对性的解决方案，并与客户紧密合作，确保方案的有效实施。

这些专业顾问或咨询公司通常按照小时或项目来收费，将他们的时间和专业知识直接变现。他们会根据客户的具体情况和需求，制订详细的工作计划和时间表，并在规定的时间内完成相应的任务。这种按时间或项目计费的方式，可以确保专业顾问或咨询公司能够充分投入时间和精力，为客户提供高质量的服务。

专业顾问或咨询公司的专业知识和经验是他们的核心价值所在。他们通常拥有丰富的行业经验和专业知识，能够深入了解客户所面临的问题，并提供切实可行的解决方案。他们会通过与客户的密切合作，不断调整和优化方案，以确保最终达到预期的效果。

除了解决问题和优化流程，专业顾问或咨询公司还可以为客户提供其他增值服务。例如，他们可以提供培训和指导，帮助客户提升团队的专业能力和管理水平；还可以协助客户进行市场调研和竞品分析，为客户提供更全面的商业洞察和决策支持。

2. 在线教育平台

在当今数字化时代，教育者们拥有了前所未有的机会，可以通过各种在线平台将自己的知识和技能传播到世界的每一个角落。无论是通过精心制作的在线课程、内容丰富的视频教程，还是互动性强的实时讲座，教育者们都能够跨越地理界限，接触到全球范围内渴望学习的学生群体。

这些在线学习平台的兴起，不仅为教育者们提供了一个展示自己专业能力的舞台，而且还为他们创造了新的收入来源。通常情况下，这些平台会采用按课程收费的模式，学生可以根据自己的需求和兴趣选择相应的课程进行学习。对于教育者们来说，这不仅意味着他们能够将自己的知识商品化，还意味着他们的教学内容能够触及更广泛的受众，从而在全球范围内扩大自己的影响力。

此外，这种模式也为教育者们提供了一种将时间投资转化为经济收益的途径。通过创建高质量的教学材料，教育者们可以一次性投入时间和精力，随后这些材料可以被无限次地重复使用，每次有新的学生购买课程时，教育者们都可以获得收益。这种可持续的商业模式，不仅有助于教育者们实现财务上的稳定，还能够鼓励他们持续创作和分享更多的知识内容。

3. 自由职业市场

他们以其独特的专业技能和创造力，为广泛的客户提供多样化的服务。这些服务包括但不限于精心打磨的文字作品、创意丰富的设计以及高效复杂的编程任务。自由职业者们通过灵活地安排自己的时间，将精力集中在一个个短期项目上。他们不仅能够迅速适应不同客户的需求，还能够在紧迫的时间内提供高质量的成果。

这些自由职业者通常拥有深厚的行业知识和实践经验，他们能够理解并满足客户的具体需求。他们的工作方式通常是高度自主的，可以选择在最高效的时间段内工作，无论是白天还是夜晚，无论是在家中还是在咖啡馆，他们的灵活性和适应性使他们能够在不断变化的市场中保持竞争力。

自由职业者的工作模式为他们提供了一种独特的收入来源。他们通常会根据完成的项目或者投入的小时数来收费。这种计费方式为他们带来了收入的多样性和可预测性，同时也为客户提供了更大的灵活性，因为客户可以根据自己项目的规模和预算来选择合适的服务提供者。

4. 订阅模式

订阅模式已经成为一种流行的商业模式，被许多企业和内容创作者广泛采用。这种模式的核心在于为用户提供一种持续性的服务或内容，从而为企业和内容创作者带来稳定的收入。

一个典型的例子是软件即服务（SaaS）公司，它们通过提供基于云的软件解决方案，帮助企业和个人用户简化工作流程，提高效率。这些公司通常不要求用户一次性支付高昂的购买费用，而是采取月度或年度订阅的方式，让用户根据自己的需求和预算，选择最合适的服务计划。用户只需支付定期的订阅费，就可以持续地享受软件服务，同时，企业也能确保他们的产品得到持续的收入和支持。

内容创作者也纷纷采用了订阅模式来与粉丝建立更紧密的联系。随着社交媒体和内容平台的兴起，创作者们有了更多的机会展示自己的才华和创意。为了获得稳定的收入，并为他们的粉丝提供更加个性化和高质量的内容，一些创作者选择了付费订阅平台。通过这样的平台，创作者可以设置不同的订阅级别，为不同级别的订阅者提供独家内容、早期访问权限或其他特殊福利。这样一来，粉丝就可以通过小额的定期付费，支持他们喜爱的创作者，同时也能享受到更加丰富的内容体验。

无论是SaaS公司还是内容创作者，订阅模式都为他们提供了一种可持续的商业模式。对于用户来说，这种模式意味着他们可以根据自己的需求和喜好，灵活地选择服务或内容，而无需承担高昂的一次性费用。对于提供服务和内容的一方，订阅模式则带来了稳定的收入，帮助他们更好地规划未来的发展和创新。

5. 自动化和外包

通过实施自动化流程，企业能够将一系列重复性和耗时的任务交由先进的软件系统来处理，从而释放员工的时间，让他们能够专注于更为复杂和有价值的工作。自动化不仅提高了任务处理的速度和准确性，还有助于减少人为错误，进一步提升了工作效率。

此外，企业通过外包那些非核心的任务，如行政管理、客户服务甚至是某些IT支持等，可以进一步优化内部资源的使用。外包这些任务给专业的第三方服务提供商，不仅可以减轻企业内部的工作负担，还可以让企业受益于外部供应商的专业知识和经验。这种策略，使得企业能够将有限的资源和精力集中在对企业成长和竞争力的核心活动上，如产品开发、市场策略和创新研究。

通过这种方式，企业能够在保持业务灵活性的同时，减少对内部资源的依赖。这不仅有助于降低运营成本，还能够提高企业的响应速度和市场适应性，使企业能够更快地适应市场变化，抓住新的商机，同时保持或提升产品和服务的质量。

6.数字产品销售

创作者在当今数字化时代拥有了前所未有的机遇，他们可以通过创作电子书、音乐、应用程序或其他数字产品，实现自己的创意和才华的商业化。这些数字产品的一大优势在于它们的非物质性，一旦创作完成，创作者就可以不断地重复销售，而无须像实体产品那样承担额外的制造成本。

电子书是数字产品中的一个典型例子。作者只需编写一次，之后便可以在全球范围内无限次地销售，无论是通过电子书平台、个人网站还是社交媒体渠道，每一次销售都是对作者原创工作的肯定，同时也可以为作者带来收入，而不需要额外的时间投入。

音乐创作者同样可以利用数字技术的便利性。他们创作的音乐可以通过在线音乐平台进行发布，每当有人下载或流媒体播放时，创作者都有可能获得收益。这种模式不仅让音乐能够触及更广泛的听众，也为创作者提供了持续的收入。

应用程序开发者则是另一个例子。他们开发的应用可以在各大应用商店上架，用户下载使用后，开发者可以从中获得收益。由于应用的开发是一次性的工作，而销售则可以持续进行，因此开发者可以在不断优化和更新应用的同时，享受到长期的收益。

其他数字产品，如在线课程、游戏、软件工具等，也都遵循着类似的模式。创作者通过前期的努力，创造出有价值的数字内容。随后，这些内容就可以在不同的平台上重复销售，为创作者带来持续的经济回报。

空间变现

空间变现是一个涉及多个领域的概念，它主要指的是将物理空间或虚拟空间通过特定的手段转化为经济价值的过程。在不同的行业和领域中，空间变现的形式和含义各有差异。

在传统的实体产业中，空间变现的方式较为直观。例如，在房地产行业中，空间变现通常涉及房屋或商业地产的出租和出售。通过这些交易，物业所有者能够获得租金收入或一次性的销售收益，从而实现空间的经济价值。此外，实体空间还可以通过设置广告牌、举办活动或者提供零售服务等方式来吸引顾客，进而产生经济利益。这些活动不仅能够为空间所有者带来直接的收入，还能提升空间的知名度和吸引力，从而间接增加其经济价值。

到了数字化时代，空间变现的概念已经发生了显著的变化。与我们在物理世界中所理解的实体空间有着本质的不同，数字领域的空间变现通常指的是利用虚拟的网络平台来创造经济价值，这涉及多种不同的策略和模式。

一种常见的空间变现方式是在线广告。例如，一个网站如果拥有大量的访问量，它可以通过在其网页上展示广告来获得收入。在这种模式下，广告商就需要支付相应的费用，以便将他们的产品或服务通过网站这个媒介，展示给潜在的客户和消费者。网站的空间，也就是用户浏览的页面，成为广告的载体，从而实现了价值的转化。

另一种空间变现的方式是提供付费内容和服务。这种方式适用于那些提供专业知识、技能或者独特内容的数字平台。用户为了获取这些专业的内容或服务，可能需要支付订阅费用，或者是一次性购买的费用。例如，一个在线教育平台可能会提供专业的课程或培训，用户需要支付一定的费用才能访问这些资源。同样地，一个提供独家报道或分析的新闻网站，也可能会要求用户订阅才能阅读其高质量的内容。

在这些情况下，虚拟空间的变现不仅仅是通过广告来实现，还可以通过直接向用户收取费用，为用户提供他们认为有价值的内容或服务。后者更加注重内容的质量和专业性，因为它依赖于用户的付费意愿，而用户往往愿意为高质量和高价值的内容支付费用。

还需要注意的是，在过去，空间很难变现，例如将自己的房屋变成旅馆需要办理执照等复杂的流程和高昂的成本。然而，随着互联网的发展，出现了一些平台和模式，使得空间变现变得更加容易。

一个典型的例子是 Airbnb，这是一个创新的在线短租平台。通过 Airbnb，房主可以将自己的空闲房屋出租给旅行者，从而获得经济收益。这种模式不仅为房主提供了一种灵活的方式来利用闲置房产，还为旅行者提供了一种独特的住宿体验。

房主可以通过设计和装饰房屋，提供独特的体验，吸引更多的租客。无论是精心布置的家居环境还是特色的主题房间，都能够满足不同租客的需求。房主可以根据自己的兴趣和特长，创造出独具魅力的空间，从而吸引更多的租客。

相比传统的房屋出租方式，Airbnb 提供了一个更加便捷和高效的平台，让房主能够轻松地将自己的房屋出租出去，实现空间的最大化利用。

除了 Airbnb，还有其他一些平台和模式也可以实现空间变现。例如，在生活社区中找到碎片空间，将工作场域植入其中，或者在工作社区中找到碎片空间，将生活场域植入其中。这种方式可以满足人们对于工作和生活融合的需求，同时也为空间提供了新的变现机会。

在生活社区中，可以找到一些闲置的空间，将其改造成共享办公空间或者创意工作室。

这样一来，不仅可以满足人们对于灵活办公的需求，还能够为社区居民提供一个交流和合作的场所。同时，这种模式也为空间所有者提供了一种新的盈利方式，将原本闲置的空间转化为有价值的资源。

在工作社区中，也可以找到一些碎片空间，将其改造成休闲区或者娱乐设施。这样一来，可以为工作人员提供一个放松和娱乐的场所，提高工作效率和生活质量。同时，这种模式也为空间所有者提供了一个新的变现机会，将原本闲置的空间转化为有价值的资源。

空间变现的步骤可以根据具体的情况和业务模式有所不同，但通常包括以下几个步骤：

1. 确定空间资源：首先需要明确你拥有的空间资源是什么，确定空间的类型、规模和特点，以便后续的变现策略和营销活动。

2. 定义目标受众：确定你的目标受众是谁，即谁会对你的空间资源感兴趣并愿意支付费用使用。可以根据空间的特点和位置，确定适合的目标受众。

3. 制定变现策略：根据目标受众和空间资源的特点，制定相应的变现策略。这可能包括出租、出售、共享等方式。确定价格、时长、服务和其他相关条件，以及如何推广和宣传你的空间资源。

4. 创建或使用变现平台：如果你打算通过在线平台进行空间变现，可以创建自己的网站或使用现有的在线平台，如 Airbnb、共享办公空间平台等。

5. 提供优质的服务和体验：为了吸引用户并保持他们的忠诚

度，提供优质的服务和体验非常重要。确保空间资源的清洁、安全和舒适，提供必要的设施和便利，及时回应用户的需求和反馈。

6. 管理和营销：管理空间资源的预订、支付和使用等流程，同时，进行有效的营销活动，包括在线广告、社交媒体推广、口碑营销等，吸引更多的用户使用你的空间资源。

7. 不断改进和创新：持续关注市场需求和竞争动态，不断改进和创新你的空间变现策略。根据用户反馈和数据分析，优化服务和体验，开发新的变现方式和增值服务。

与时间变现类似，空间变现也是一个较为抽象的概念。以下例子可以带给你一些启发。

1. 共享办公空间

近年来，随着社会的发展和技术的进步，远程工作和自由职业者的数量都呈现出显著的增长。这种工作模式的兴起，使得传统办公空间的使用方式发生了变革，共享办公空间应运而生，成为一种备受欢迎的新型商业地产运营方式。

共享办公空间，顾名思义，就是多个公司或个人共同使用一个办公空间。在这种模式下，商业地产的所有者或经营者会将部分空间进行改造，配备办公桌、会议室、高速互联网和其他必要的办公设施，然后将其出租给需要的公司或个人。

这种共享办公空间的出租方式非常灵活，既可以按月租赁，也可以按天租赁，有些地方甚至还提供按小时租赁的服务。这种灵活性使得它非常适合小型企业、创业者和独立专业人士，他们可以根据自己的实际需求和预算，选择最合适的租赁方式和办公空间。

共享办公空间不仅提供物理空间，还提供一种社交和交流的平台。在这里，不同的公司和个人可以相互交流，分享经验，甚至可以进行合作，这对于小型企业和创业者来说，是一种非常有价值的资源。

2. 零售空间转型

在当今这个快速变化的商业环境中，传统零售商面临着前所未有的挑战。随着电子商务的迅猛发展，越来越多的消费者选择在网上购物，导致许多实体店面的客流量和销售额出现了下滑。曾经繁华的商业街和购物中心，如今不再像过去那样充满顾客，盈利能力也随之减弱。

面对这样的市场趋势，一些具有前瞻性的传统零售商开始寻求转型和创新。他们意识到，单纯地销售商品已经无法满足现代消费者的需求，因此，他们开始将部分或全部的店面转变为提供独特体验的场所。这些转变可能包括将店铺改造成体验中心，让顾客可以亲身体验产品，或者将店铺打造成展示室，展示最新款式和创新技术。此外，一些零售商还会利用店面空间举办临时活动，如新品发布会、艺术展览或者互动工作坊，以吸引顾客的注意力。

通过这些策略，传统零售商不仅能够保持店面的运营，还能够创造新的收入来源。更重要的是，他们通过提供新颖的服务和独特的购物体验，成功地吸引了那些寻求个性化和体验式购物的顾客。这种转变不仅帮助零售商在竞争激烈的市场中保持了竞争力，还为他们赢得了忠实的顾客群体，从而在电子商务的冲击下找到了新的生存和发展之道。

3. 广告空间销售

公司为了增加收入，会利用其所拥有的物理空间来进行商业变现。这种变现的一种常见方式是在其财产上放置广告。具体来说，公司可以在自己的建筑物的墙面、窗户或者其他容易被公众看到的区域内安装广告牌或者海报。这样做不仅能够为公司带来额外的收益，还能够为广告主提供一个展示其产品和服务的平台。

例如，在公共交通系统中，地铁站和公交车站是人流量极大的地方，因此它们成为广告商非常青睐的地点。这些站点通常会将其墙面、站台甚至是车厢内部的空间出租给企业用于广告宣传。这样的广告形式不仅能够覆盖到大量的日常通勤者，还能够针对特定的地区或人群进行精准营销。

体育场馆也是广告变现的热门场所。由于体育赛事通常能吸引成千上万的观众，因此在这些场馆内外放置广告牌可以确保广告信息被广泛传播。无论是在球场的围栏上、观众席旁边还是休息区，广告都可以有效地吸引观众的注意力，并潜在地影响他们的消费决策。

通过这种方式，公司不仅能够充分利用自身的物理空间，还能够为企业开辟一条新的收入渠道。广告收入有时甚至会成为某些公司的主要收入来源之一，尤其是在数字广告日益盛行的今天，实体广告依然在某些场合和行业中保持着其独特的价值和效果。

4. 举办活动和体验

餐厅、酒吧以及其他娱乐场所，作为人们社交和娱乐的重要去处，可以通过巧妙地利用其现有的空间资源，举办各种特殊活动来吸引更多的顾客。这些特殊活动可以包括私人聚会、主题之夜或者文化活动等，不仅能够为顾客提供独特的体验，还能够满足不同顾客群体的需求。

私人聚会是一种非常受欢迎的活动形式，它可以是生日派对、纪念日庆祝、家庭团聚或者是企业团建等。通过提供定制化的服务，比如专门的餐饮安排、装饰布置以及个性化的娱乐项目，餐厅和酒吧可以为顾客创造难忘的私人聚会体验。

主题之夜则是另一种吸引顾客的方式。例如，餐厅可以举办复古夜、拉丁夜或者是电影角色扮演夜等，让顾客在享受美食的同时，也能够体验到特定的文化氛围或者娱乐主题。这样的主题之夜不仅能够吸引那些寻求新鲜感和刺激的顾客，还能够成为社交媒体上的热门话题，从而吸引更多的潜在顾客。

文化活动也是提升娱乐场所吸引力的有效手段。例如，举办诗歌朗诵会、现场音乐会、艺术展览或者是文化交流活动，不仅能够丰富社区的文化生活，还能够让餐厅或酒吧成为文化艺术爱好者的聚集地。这样的活动不仅能够提升场所的品牌形象，还能够吸引具有相似兴趣的顾客群体。

通过举办这些特殊活动，餐厅、酒吧和其他娱乐场所不仅能够创造出独特的顾客体验，增加顾客的忠诚度，还能够有效地吸引新客户。同时，这些活动的举办也为场地所有者带来了额外的收入，提高了经营效益。总之，通过灵活多样的活动策划，娱乐场所能够增强自身的竞争力，实现可持续发展。

服务变现

"服务变现"这一概念正如其字面意义所揭示的，是指将提供服务的过程转化为经济收益的一系列行为。在现代社会，随着经济的发展和人们生活水平的提高，服务变现已经渗透到各个行业和领域，成为推动经济增长的关键因素，特别是在那些服务业高度发达、消费者需求多样化的地区。

冲哥说：

服务变现的重要性在于，它不仅仅是一种商业模式，更是一种价值创造的方式。

服务提供者通过精心设计和提供优质、高效的服务，满足消费者在日常生活中的各种需求，无论是教育、医疗、娱乐还是咨询等服务领域。这种服务的提供不仅为消费者带来了便利和效益，也为服务提供者创造了经济价值。

服务变现的核心在于识别和把握消费者的需求，以及如何通过提供有价值的服务来满足这些需求。服务提供者需要不断创新，提高服务质量，以确保自己的服务能够在市场上脱颖而出，吸引并保持消费者的忠诚度。同时，服务变现还涉及定价策略、市场营销、客户关系管理等多方面的考量，这些都是确保服务能够成功变现，从而获得相应报酬的重要因素。

在服务变现的过程中，服务提供者和服务接受者之间建立的是一种互惠互利的关系。服务提供者通过提供服务获得收入，而服务接受者则通过支付服务费用获得所需的服务。这种交易关系促进了资源的合理分配和有效利用，推动了社会的经济繁荣和进步。

服务变现有多种不同的形式，最直接的方式是通过货币交易，即客户为获得的服务直接支付现金。这种方式简单明了，广泛存在于各个行业和领域。

然而，服务变现并不仅限于现金交易，还可以通过其他形式的补偿来实现。这些补偿形式可能包括物品交换、服务互换、股权分配等，它们为服务的提供者和接受者提供了更多的选择。

以咨询公司为例，他们通常会为客户提供专业的意见和解决方案，帮助客户解决特定的问题或挑战。作为回报，咨询公司会收取一定的咨询费用。这种费用可能是基于项目的固定费用，也可能是根据服务时长或复杂度来计算。

健身房则采用了一种不同的变现模式。他们通常通过会员制度来运营，顾客为了使用健身设施和参加各种健身课程，需要支付一定的月费或年费。这种预付费的会员制度为健身房提供了稳定的收入，并为顾客提供了灵活的使用时间。

软件公司则可能会采用订阅模式来实现服务变现。在这种模式下，用户按月或按年支付费用，以获得软件的使用权和持续的更新支持。这种模式不仅为软件公司提供了持续的收入，也可以确保用户始终使用到最新的软件版本和功能。

需要注意的是，为了在激烈的市场竞争中脱颖而出，服务提供者需要不断创新，提供与众不同的价值主张。这就意味着，他们不仅要满足市场的现有需求，还要预见未来的趋势，甚至在某些情况下，引领市场需求的发展。通过这种方式，服务提供者能够为客户提供独特的价值，从而在众多的竞争者中脱颖而出。

然而，仅仅识别和创造独特价值是不够的。为了确保服务变现的持续性和有效性，企业或个人必须致力于提升服务质量。这包括确保服务的可靠性、及时性和专业性，以及不断追求卓越，超越客户的期望。同时，优化客户体验也是至关重要的。从客户接触服务的第一刻起到服务交付的每一个环节，都应该让客户感到满意和愉悦。

此外，营销策略在服务变现的过程中扮演着至关重要的角色。有效的营销不仅能够吸引新客户，还能帮助维护现有客户关系，提高客户的忠诚度和回头率。通过精心设计的广告、促销活动和客户关系管理，服务提供者可以建立强大的品牌影响力，并在市场中树立良好的口碑。

定价策略同样是服务变现过程中不可或缺的一环。正确的定价策略能够确保服务提供者在覆盖成本的同时，实现利润最大化。在确定定价时，服务提供者需要考虑多种因素，包括市场定位、成本结构、竞争对手的定价以及客户的支付能力和意愿。合理的定价不仅能够吸引客户，还能够确保服务的可持续性。

冲哥说：

随着互联网和数字技术的发展，服务变现的途径也在不断拓展。

线上平台、社交媒体、电子商务等新兴渠道为服务提供者带来了更多变现的机会。通过这些渠道，服务可以触及更广泛的受众，交易也变得更加便捷和高效。

服务变现需要注意以下几点：

1.确定目标客户：了解自己的服务对象是谁，明确目标客户群体，以便有针对性地提供服务和制定变现策略。

2.提供有价值的服务：确保所提供的服务具有一定的独特性

和价值，能够满足用户的需求，才能吸引用户付费。

3. 定价策略：制定合理的定价策略，考虑市场需求、竞争对手定价、服务质量等因素，确保定价能够获得用户认可并实现盈利。

4. 营销和推广：进行有效的营销和推广活动，提高服务的知名度和曝光度，吸引更多用户使用和付费。

5. 用户体验：提供良好的用户体验，包括服务的便捷性、稳定性、及时的客户支持等，以提升用户满意度和留存率。

6. 监控和优化：持续监控服务的表现和用户反馈，及时调整和优化服务内容和运营策略，以提升变现效果。

胖东来是一家知名的零售连锁企业，通过服务变现策略实现了业务的显著增长和盈利能力的显著提高。据统计，胖东来在提供增值服务后，其销售额和利润均实现了两位数的增长。这一增长主要得益于其卓越的顾客体验和创新的服务模式。

1. 服务至上：胖东来的核心价值观

公司不仅在商品质量上严格把关，更注重为顾客提供贴心、周到的服务。胖东来的员工都经过专业培训，具备良好的服务意识和职业素养，能够迅速响应顾客的需求，并提供专业的购物建议。

2. 增值服务：提升顾客体验的关键

为了进一步提升顾客体验，胖东来推出了一系列增值服务。例如，胖东来提供免费的送货上门服务，顾客可以在购买商品后选择送货时间和地点，无须亲自前往店铺。

此外，胖东来还推出了会员制度，会员可以享受积分兑换、会员专享折扣等特权，增加了顾客的忠诚度和回头率。据统计，胖东来的会员数量已超过数百万，且会员的复购率和消费金额均高于非会员。

3. 个性化服务：满足顾客的独特需求

胖东来注重满足顾客的个性化需求，提供定制化的服务。

例如，胖东来在店内设置了专门的礼品包装区域，顾客可以选择为购买的商品进行精美包装，满足送礼或特殊场合的需求。

此外，胖东来还提供了预约购物服务，顾客可以提前预约商品，确保在需要时能够及时购买到心仪的商品。

值得一提的是，胖东来还做出了"不满意就退货"的承诺，这一政策极大地增强了顾客的购物信心。

同时，胖东来还设立了儿童卫生间和多功能卫生间，以满足不同群体的需求。

在商品货架上，胖东来还挂有放大镜，方便顾客更清楚地查看商品标签。这些细致入微的服务都体现了胖东来对顾客需求的深度理解和满足。

4. 服务变现：实现业务增长和盈利提升

通过提供卓越的服务和增值服务，胖东来成功地实现了服务变现。顾客愿意为更好的服务支付额外的费用，从而增加了胖东来的销售额和利润。

同时，优质的服务也提升了胖东来的品牌形象和市场竞争力，吸引了更多的顾客选择胖东来作为他们购物的首选。

胖东来通过服务变现策略，成功地将卓越的服务转化为业务增长和盈利提升的动力。在提供个性化服务方面，胖东来不仅满足了顾客的独特需求，还通过创新的服务模式赢得了市场的认可。

这为其他企业提供了有益的启示：在竞争激烈的市场中，注重提升服务质量和创新服务模式，是实现业务增长和盈利提升的关键。

学员实操案例

学员张总经营的是一个集水疗、按摩和休闲为一体的综合性水疗中心，近年来通过实施服务变现策略，成功地在竞争激烈的市场中脱颖而出，实现了业务的快速增长和盈利能力的提升。一起来看看他的具体做法。

（1）深度体验：丰富多样的项目

水疗中心坚信，顾客的满意度和忠诚度来自深度的服务体验。

因此，中心不仅提供了高质量的水疗设施和产品，更注重为顾客创造一种放松、愉悦的氛围，让顾客在享受服务的过程中感受到身心的疗愈。

中心提供丰富的洗浴项目，水疗、泳池、私人泡池、汗蒸、搓背、SPA、护肤，应有尽有。还有多种多样的娱乐方式，电影院、私人游戏区、棋牌室、KTV、阅读区、儿童区等。

全天候不间断的水果零食饮料供应，龙虾、长脚蟹、鲍鱼、生蚝等海鲜新鲜供应，现场酒水任喝。

（2）增值服务：提升服务体验的关键

为了进一步提升顾客体验，水疗中心推出了一系列增值服务。

例如，顾客可以选择私人定制的水疗方案，由专业的水疗师根据顾客的肤质和需求，提供个性化的水疗护理。

此外，还提供了特色的按摩服务，包括热石按摩、精油按摩等，让顾客在享受舒适按摩的同时，达到放松身心的效果。

（3）会员制度：实现服务变现的重要手段

为了更好地满足顾客的需求，水疗中心推出了会员制度。

会员可以享受专属的优惠折扣、优先预约、私人水疗师等特权。同时，中心还为会员提供了积分兑换服务，顾客可以通过累积积分兑换免费的服务或产品。

这种会员制度不仅增加了顾客的忠诚度和回头率，还为水疗中心带来了稳定的收入。

（4）社交媒体营销：扩大品牌影响力

为了扩大品牌影响力，水疗中心积极利用社交媒体进行营销。

中心在各大社交媒体平台上发布关于水疗护理、健康生活的视频和文章，吸引更多潜在顾客关注。同时，中心还邀请了业内关键意见领袖（KOL）免费体验中心项目，通过他们的影响力宣传中心。

中心为了鼓励顾客在社交媒体上分享自己的水疗体验，还会送小礼品给顾客，比如高级护肤品旅行装、免费项目等，通过口碑传播吸引更多顾客前来体验。

如今，张总的水疗中心已经突出重围，成了大家心中向往的水疗圣地。

领导力变现

领导力变现是一个复杂而多维的过程，它是将领导者及其团队的潜在能力转化为具体的、可衡量的成果和效益。这一过程不仅仅局限于领导者个人的才能和技能，而且包括一系列相互作用的因素，这些因素共同构成了领导力变现的完整图景。

首先，领导者的能力是领导力变现的核心，这包括领导者的决策能力、沟通能力、战略规划能力以及激励和引导团队成员的能力。一个优秀的领导者能够设定清晰的目标，制订有效的行动计划，并通过自己的行为和决策来激励团队成员朝着共同的目标努力。

冲哥说：

领导力，决定了一家企业能走多远。

其次，团队成员之间的协作是领导力变现过程中不可或缺的一环。领导者需要建立一种协作的团队文化，鼓励成员之间的相互支持和合作。在这样的环境中，团队成员能够充分发挥各自的长处，共同解决问题，实现团队目标。

再者，组织资源的利用也是领导力变现的关键。领导者需要有效地管理和分配组织的人力、财力和物力资源，确保这些资源得到最优化的使用。这包括合理分配任务，确保资源用于最关键的领域，以及监控资源的使用情况，确保项目按计划进行。

最后，外部环境的适应能力也是领导力变现的重要组成部分。领导者和团队需要敏锐地洞察市场变化、技术进步和政策调整等外部因素，并迅速做出反应，以保持组织的竞争力。

在领导力的实际运用和展现过程中，领导者必须具备一系列关键的能力，以确保团队的成功和组织的繁荣。领导者需要具备明确的目标设定能力，他们必须能够清晰地定义团队的愿景和目标，并将这些目标传达给团队成员，确保每个人都理解并致力于实现这些共同的目标。

在面对复杂多变的情况时，领导者必须能够迅速做出明智的决策，并对可能的结果进行评估。这不仅涉及对信息的分析和判断，还包括在必要时勇于承担风险，以及在决策后果断执行。

有效的沟通可以确保信息的准确传递，减少误解和冲突，同时促进团队成员之间的合作与协同。领导者应当擅长倾听、表达和调解，以维护团队的和谐与效率。

团队激励能力是领导者推动团队前进的动力源泉。领导者需要了解团队成员的动机和需求，通过适当的激励手段，如表扬、奖励和职业发展机会，激发团队成员的积极性和创造力，从而提升团队的整体表现。

除此之外，危机处理能力也是领导者在面对挑战和不确定性时的关键能力。领导者应当具备冷静应对紧急情况的能力，能够迅速识别问题的核心，制定有效的应对策略，并引导团队克服困难，转危为安。

通过这些能力的有机结合和运用，领导者不仅能够带领团队成员共同实现既定目标，还能够在过程中提升团队的凝聚力、创新能力和执行力，最终为组织带来更大的价值和竞争优势。因此，领导力的有效变现是组织成功的关键因素之一。

冲哥说：

很多人以为领导力是一种管理能力，其实，领导力是一种影响力。

具体来说，领导力变现可以通过以下几个方面来实现：

1. 目标设定与战略规划：领导者需要根据组织的愿景和使命，设定清晰的短期和长期目标，并制定相应的战略规划，确保团队的工作方向与组织的整体发展一致。

2. 资源整合与优化：领导者应当有效地整合和分配组织内外的资源，包括人力、财力、物力等，以最高效的方式支持团队的工作和项目的实施。

3. 团队建设与管理：领导者需要建立一支高效的团队，通过招聘、培训、激励和评估等手段，不断提升团队成员的能力和动力，确保团队能够顺畅地运作。

4. 沟通与协调：领导者必须具备良好的沟通能力，能够有效地与团队成员、合作伙伴以及其他利益相关者进行沟通和协调，以解决工作中的问题和冲突。

5. 决策与执行：领导者需要具备快速准确的决策能力，并对决策结果负责，确保决策能够得到有效执行，并及时调整以应对变化。

6. 创新与变革：领导者应当鼓励创新思维，推动组织的持续改进和创新，以适应不断变化的市场和环境。

7. 风险管理与应对：领导者需要识别潜在的风险，并制订相应的风险管理策略和应急计划，以确保组织能够在面对不确定性时保持稳定。

本章作为全书的最后一章，所涉及的变现内容都较为抽象，而且对于各行各业都有指导性意义。因此，本章的内容将不再局限于学员的案例，而是希望带着大家去仰望一下那些大型巨头企业，从他们的精髓举一反三，实现自己的商业价值。

案例一：苹果公司的创新领导

苹果公司无疑是领导力变现的杰出典范。在乔布斯的卓越领导下，苹果公司不仅成为技术创新的先锋，更是通过不懈追求产品设计的完美，推出了一系列颠覆性的产品。这些产品不仅改变了消费者的生活方式，也重塑了整个科技行业的格局。

iPod、iPhone 和 iPad 等产品的问世，都是苹果创新精神的具体体现。iPod 的出现，让数字音乐播放器的概念深入人心，它采用了简洁的设计和用户友好的界面，让无数消费者为之疯狂。而 iPhone 的推出则是智能手机历史上的一次革命，它集成了电话、互联网通信和多媒体娱乐等多种功能，彻底改变了人们与世界互动的方式。至于 iPad，它的诞生则开启了平板电脑的新纪元，为用户提供了一种全新的移动计算平台。

乔布斯非常注重产品的简洁性和直观性，他相信优秀的设计能够提升用户体验，从而赢得市场。这种对简洁、直观用户体验和卓越设计的执着追求，已经成为苹果企业文化的核心部分。在乔布斯的引领下，苹果的每一款产品都体现了这种文化，从软件到硬件，从外观设计到用户界面，无不流露出苹果对细节的极致关注和对完美的不懈追求。

正是这种对卓越的不断追求，使得苹果公司在激烈的市场竞争中脱颖而出，成为全球最具价值的品牌之一。乔布斯的领导力不仅体现在他的个人魅力上，更体现在他如何将这种魅力转化为企业的核心价值，从而推动苹果不断前进，创造出一个又一个的标志性产品。

案例二：星巴克的社会责任领导

星巴克不仅因其高品质的咖啡和独特的消费体验而广受欢迎，更因其对社会责任的深刻承诺而在业界树立了良好的形象。星巴克的创始人之一——霍华德·舒尔茨，作为公司的领导者和灵魂人物，他将社会责任的重要性深深地植入了星巴克的核心价值观中。

在舒尔茨的引领下，星巴克致力于推动公平贸易，确保咖啡种植者能够得到公正的报酬，从而提升整个咖啡产业链的可持续性。公司还注重可持续发展的实践，从减少环境影响、采用可再生能源到推广可回收材料的使用，星巴克在保护地球环境方面不遗余力。此外，员工的福利也是星巴克关注的焦点，公司提供包括健康保险、股票期权和教育援助在内的一系列福利，以确保员工的整体福祉。

这些社会责任举措不仅塑造了星巴克积极向上的品牌形象，也赢得了消费者的尊重和忠诚。顾客不仅仅是被美味的咖啡所吸引，更是因为星巴克所代表的社会责任感和企业道德。舒尔茨的领导力在于他深知企业的成功不仅仅体现在财务报表上，更在于企业对社会的贡献和对员工的关怀上。通过将盈利目标与社会责任相结合，舒尔茨为星巴克打造了一种双赢的商业策略，这种策略不仅促进了公司的繁荣，也为社会的进步做出了积极贡献。

案例三：通用电气的变革领导

在杰克·韦尔奇的卓越领导下，通用电气（GE）经历了一系列深远而彻底的变革。韦尔奇这位被誉为"管理之神"的杰出领导者，不仅以其非凡的商业智慧和领导才能著称，还因其对企业管理哲学的深刻理解和成功实践而备受尊敬。他推行了一系列创新的管理理念，其中最为人称道的为精益生产和六西格玛两种管理方法。

精益生产，是一种旨在消除浪费、优化流程、提高生产效率的管理策略，被韦尔奇成功地引入并实施于通用电气的日常运营中。这一理念的核心在于不断追求完美，通过精细化管理确保每一步骤都能为顾客创造价值，从而提升公司的整体竞争力。

六西格玛则是一种旨在减少缺陷、提高质量的管理工具，它通过定义、测量、分析、改进和控制（DMAIC）的方法论，帮助企业系统地改进和优化业务流程。韦尔奇将六西格玛的理念深植于通用电气的文化之中，使得公司的质量管理达到了前所未有的高度，显著提升了产品和服务的质量，进而增强了盈利能力。

韦尔奇的领导力不仅体现在他对管理哲学的推崇和执行上，更在于他对市场趋势的敏锐洞察和对公司未来方向的清晰规划上。他能够准确识别市场的动向，把握时代的脉搏，从而推动公司进行必要的结构调整和战略转型。在他的引领下，通用电气不断适应和引领市场，在多个行业中持续领先。

案例四：宜家的平价领导

宜家家居的创始人英格瓦·坎普拉德，以其卓越的领导力和创新精神，在家具零售行业中留下了深刻的印记。坎普拉德的领导力主要体现在他开创性地打造了平价家具零售的模式，这一模式不仅改变了家具行业的竞争格局，也为广大消费者带来了实惠。

坎普拉德通过亲自参与产品的设计和制造过程，确保了宜家产品的独特性和高性价比。他采用了自组装的方式来生产和销售家具，这一策略大幅降低了运输和存储成本，因为顾客购买的是拆装状态的家具，这样可以显著减小体积，降低物流费用。通过这种方式，坎普拉德成功地将成本节约转化为价格优势，使得宜家能够以更低的价格向消费者提供质量可靠的产品。

宜家的成功不仅仅在于其革命性的商业模式，更在于坎普拉德所坚持的节俭和高效的企业文化。这种文化不是简单地追求成本最低化，而在于不断寻找新的方法来提高效率，不仅可以减少浪费，还能够保持产品和服务的质量。坎普拉德的这种理念深深植根于宜家的企业文化之中，成为公司的核心价值观之一。

在全球业务扩展的过程中，宜家始终秉承这种节俭和高效的文化，无论是在产品设计、生产制造，还是在物流配送和零售服务中，都能看到这种文化的影响。宜家的店铺设计简约实用，购物体验自助化，这些都是坎普拉德领导理念的体现。

想象力变现

想象力变现指的是将个体的想象力，即那些无形的、原创的想法和幻想，转化为现实世界中具有价值的产品、服务或艺术作品。这种转化过程不仅涉及创意思维的运用，还包括将这些想法具体化、商业化的能力。

在想象力变现的过程中，首先需要的是丰富的想象力，这是一切创新的起点。想象力让人们能够超越现实的限制，构思出前所未有的概念和设计。然而，单纯的想象并不能直接产生经济价值，它需要通过一系列的步骤来实现变现。这些步骤可能包括创意的进一步发展和完善，确保它们既独特又可行。

想象力变现的关键在于找到将创意与市场需求相结合的方法，创造出既有艺术价值又有商业潜力的产品或服务。这可能涉及技术的创新，也可能涉及商业模式的创新，或者是两者的结合。

在当今这个快速变化的时代，想象力变现已经成为许多行业，尤其是娱乐、科技和艺术领域的重要组成部分。它不仅为创作者和企业家提供了实现个人梦想的途径，也为社会带来了新的文化体验和技术进步，推动了经济的发展和人类生活方式的变革。

想象力变现可以在以下领域实现：

1. 创意产业：想象力是创意产业的核心驱动力之一。人们可以利用想象力创造出独特的艺术作品、设计产品、文学作品、音乐等，随后通过销售、展览、版权等方式获得经济收益。

2. 影视娱乐行业：想象力在影视娱乐行业中起着重要的作用。编剧、导演、艺术家等可以利用自己的想象力创作出各种吸引人的故事情节、角色形象和视觉效果，然后通过电影、电视剧、动画片等形式进行发行和播放，从中获得经济收益。

3. 游戏开发：游戏开发也是想象力变现的一种方式。游戏开发者可以利用自己的想象力设计出独特的游戏世界、角色和游戏机制，然后通过游戏销售、广告收入、虚拟物品交易等方式获得经济收益。

4. 广告和营销：想象力在广告和营销领域中也扮演着重要角色。广告创意人员可以利用自己的想象力设计出吸引人的广告内容和创意，随后通过广告投放和品牌推广来实现变现。

5. 教育和培训：想象力在教育和培训领域中也有应用。教育机构和培训机构可以利用想象力设计出创新的教学方法和课程内容，然后通过教育和培训服务来变现。

冲哥说：

商业世界离不开脚踏实地、稳扎稳打，但也离不开想象力的加持。

将想象力的内容作为本书的最后一节，是我深思熟虑后的结果。

论当今全球想象力最为丰富且最具有想象力变现能力的人，首推美国特斯拉创始人兼首席执行官埃隆·马斯克（Elon Reeve Musk）。

1. 太空探索

马斯克创立的太空探索技术公司 SpaceX，推动着人类对太空的探索以及移民火星的尝试。马斯克对于太空的热爱和对未来的远大愿景，促使他将科幻般的设想转化为现实，特别是在可重复使用的火箭技术方面取得了革命性的进展。

这种开创性的火箭技术，不仅在理论上是可行的，而且在马斯克的领导下，SpaceX 已经成功地将其付诸实践。这种技术的核心在于，火箭的主要部分能够在完成太空任务后返回地球，经过简单的检查和维护，再次用于发射。这样的循环使用，显著降低了每次太空发射的成本，从而为太空探索的可持续性提供了可能。

马斯克不仅仅满足于降低太空探索的门槛，他还提出了一个宏伟的目标：将人类送上火星。这个目标并非空想，SpaceX 已经在规划和开发中，旨在实现这一历史性的跨越。马斯克相信，通

过移民火星，人类将能够确保物种的生存，并为未来的太空探索
奠定坚实的基础。

为了实现这一目标，SpaceX 正在研发新型的星际飞船，这些
飞船将被设计用来搭载宇航员和必要的物资，穿越浩瀚的太空，
安全抵达火星表面。马斯克和他的团队正在解决一系列技术和物
流上的挑战，以确保这次前所未有的旅程的成功。

2.电动汽车

马斯克创立的特斯拉公司迅速崛起，成为全球电动汽车产业
中的佼佼者。在马斯克的领导下，特斯拉不仅仅是一个汽车制造
商，更是一个技术革新的先锋，引领着整个行业向着更加绿色、
高效的未来迈进。

通过对未来的深刻洞察和不懈追求，马斯克成功地将想象转
化为现实。特斯拉设计出了具有高性能的电动汽车，这些车辆还
拥有令人印象深刻的续航里程，极大地提升了电动汽车的实用性
和吸引力。这些车型的设计和制造，都体现了马斯克对于技术和
工程的深刻理解，以及对于消费者需求的精准把握。

特斯拉的电动汽车不仅以其卓越的性能赢得了市场的认可，
更是以其独特的设计和智能化功能，改变了人们对于交通工具的
传统认知。特斯拉车辆的自动驾驶技术、智能互联功能以及超级
充电网络，都是对传统汽车行业的巨大颠覆，也是对可持续交通
理念的有力推动。

马斯克的创新不仅限于产品本身，他还通过构建一个全新的

生态系统，包括太阳能发电和储能解决方案，来配合电动汽车的使用，从而推动了整个能源产业链的可持续发展。这种全方位的思考和布局，使得特斯拉不仅仅是一家汽车公司，更是一家致力于推动全球能源转型和环境保护的先锋企业。

3. 可再生能源

马斯克不仅以其在电动汽车和太空探索领域的创新而闻名，他还对可再生能源领域抱有浓厚的兴趣。在他的多元化企业版图中，SolarCity 公司占据着举足轻重的位置，这家公司专注于推广太阳能发电技术，以及其他形式的可再生能源的广泛应用。

马斯克通过 SolarCity 公司，展现了他对可持续能源未来的远见卓识。他深刻地认识到，为了减少对化石燃料的依赖并减缓气候变化的影响，必须采取切实可行的措施来推广清洁能源。因此，SolarCity 致力于开发高效的太阳能解决方案，并将其商业化，以便更多的家庭和企业能够负担得起并从中受益。

马斯克的创新精神体现在他将太阳能电池板与建筑物设计的完美融合上。他想象了一个未来，建筑物不再是消耗能源的结构，而成为能源的生产者。为了实现这一愿景，他提出了将太阳能电池板整合到建筑物的屋顶和外墙中的创新解决方案。这种设计不仅美观，还能够为建筑物提供所需的电力，甚至有可能将多余的电力回馈到电网中。

通过这种创新的整合方式，马斯克推动了太阳能技术的普及，同时也为建筑业带来了一场革命。他的这些努力不仅减少了

对传统能源的依赖，还为环境保护做出了积极的贡献。马斯克的
这些举措证明了他不仅是一位前瞻性的企业家，也是一位对全球
可持续发展充满热情的倡导者。

4.高速交通

马斯克提出了一种革命性的交通概念，被称为"超级高铁"
（Hyperloop）。这一概念旨在彻底改变人们和货物的运输方式，
通过建立一个超级高速交通系统来实现。超级高铁的核心特点在
于其采用了真空管道和磁悬浮技术，这两大技术的结合预示着未
来交通运输的一种全新模式。

在马斯克的设想中，超级高铁将通过创建一个低压环境，即
真空管道，来减少空气阻力，从而允许列车以极高的速度运行，
而不会产生过多的热量或噪声。这种设计模仿了目前在部分高速
列车上使用的概念，但将其推向了一个新高度。

磁悬浮技术则是利用磁力使列车几乎悬浮在轨道上方，减少
了地面摩擦，使得列车能够以更快的速度行驶，同时减少了维护
成本和能源消耗。这种技术不仅提高了速度，还提供了更为平稳
和安静的乘坐体验。

超级高铁的设计理念强调高速和低能耗，这意味着它不仅能
够提供快速的运输服务，还能够以更加环保和经济的方式来实
现。这对于缩短长途旅行时间、提高货物运输效率以及减少对环
境的影响都具有重大意义。

马斯克的超级高铁概念已经激发了全球工程师和企业家的兴

趣，许多人正在努力将这一概念变为现实。如果成功实施，超级高铁有可能成为未来最重要的交通运输创新之一，为人们的出行方式带来根本性的变革。

5. 神经科技

马斯克还将其雄心勃勃的目光投向了神经科技这一前沿领域。他创立的 Neuralink 公司，是一家专注于脑机接口技术开发的创新型企业。这家公司的宗旨在于，通过先进的技术手段，实现人脑与计算机之间的直接连接，从而开启人类认知能力的新篇章，并为神经系统疾病的治疗提供全新的解决方案。

Neuralink 公司的研发团队致力于探索和开发能够植入人脑的微型设备，这些设备能够读取和解析大脑活动的信号，并将其转换为计算机能够理解的数据。通过这种方式，人类的思维和记忆有可能被数字化，进而实现与计算机系统或其他电子设备的无缝对接。这不仅有望极大地提高人类的信息处理能力，还能帮助那些患有阿尔茨海默病、帕金森病等神经系统疾病的患者恢复或改善认知功能。

马斯克对 Neuralink 公司的期望远不止于此。他设想，在未来，这种脑机接口技术能够使人类与人工智能系统进行更为深入的交互，甚至可能实现人类意识的永久存储和转移。尽管这些目标看起来似乎遥不可及，但马斯克和他的团队正不懈地研究，试图将这些科幻般的概念变为现实。

后　记

变现模式，融合才是出路

一个品牌的崛起需要建立具有竞争力的认知，而一个好的认知则需要掌握一套科学的商业变现模式。单一的变现模式已无法应对当今复杂的商业环境，要想实现企业的可持续盈利，需要牢记一点，真正的变现高手都懂得举一反三，融合使用。

融合变现可以理解为在进行商业行为时，多种变现模式同时使用、融合运用。融合变现有四大核心，即变现的思维要广、变现的难度要低、变现的概率要高、变现的时间要短。接下来和大家分享一个将融合变现落地得特别好的学员案例。

我有一名湖北的学员叫作宝哥。宝哥的人缘非常好，做了10多年电脑销售和租赁生意，过去公司主要盈利模式就是赚产品的差价和租赁费。

2021年的时候，他开发了一个网络电脑租赁平台。公司采取比较传统的地推+电销模式开发客户，人力、物力投入不少，但是发展得十分缓慢。于是，他在朋友的介绍下，走进了我的课堂，后来还成了高级会员。

在课程中，宝哥学习得非常认真，每天来得最早，回去得最晚，他一边学习，一边开始做招商方案。通过几天的学习，宝哥在招商方案中有效地融合了会员变现、租赁变现、产品变现、金融变现、回收变现等五种变现模式，用宝哥自己的话，通过几天的学习，他仿佛打通了变现的思维，俨然成了一名真正的变现高手。

在我的课程中，好的方案和项目可以上台路演，宝哥在课堂上，用了 10 分钟的时间，把他的五合一的融合变现模式进行了路演，一场活动就变现了 100 多万元的业绩，6 个月的时间业绩增产了 3 倍，现在他每个月的业绩都能达到 600 多万元。

看到宝哥的变化，我由衷地感到开心，在征求宝哥的意见后，我把他当时在课程中做的方案分享给大家。

五合一融合变现模式方案

过去，一家公司办公要么是自己购买电脑，要么是租赁电脑办公，现在的话，你成为公司的会员，可以两年免费使用 5 台电脑，具体如下：

交 20000 元的保证金，成为公司的会员，享有以下会员权益：

1. 两年免费使用 5 台全新办公电脑，每台约 4000 元，总价值 20000 元；

2. 会员购买新电脑，同款产品比国内知名商城价格优惠 10%，如果不用了，平台按当时市场价进行回收，进行利旧处理；

3. 赠送价值 2980 元武汉樱花节旅游，3 天 2 晚包吃住；

4. 赠送价值 1980 元 MCN 机构两天一夜 IP 打造的实战课程；

5. 赠送价值 3980 元，免费注册海南自贸港公司一家（包含提供地址，报税、记账一年）；

6. 成功推荐一位新会员，推荐人享有 10% 的推荐费；

7. 两年后，退还 20000 元保证金，继续使用，改为租赁模式。

投资 20000 元可获得，电脑 20000 元＋旅游 2980 元＋课程 1980 元＋3980 元等七项福利。

宝哥将变现模式调整后，成交率由过去的 10% 提高到了 50%，真正把变现的精髓用到了实处。

我很开心能够通过这本书给大家介绍这么多优秀学员的案例，希望能够帮助更多的中国企业和品牌，在经营中用更快的速度、更低的成本、更高效的流量获取和实现变现。正如我书中所言，过去的老板学管理，现在的老板学变现。本书既结合我自己多年的实践经验，也参考了近几年一些优秀企业的案例，尽可能完整地为读者提供一套系统的方法论。由于篇幅有限，不是每一章都能阐述详尽，我只取个人感受最深、最实用的观点，书中可能存有纰漏之处，存有遗憾，也请读者谅解。